GAYATRI

O Mantra Sagrado da Índia

2ª Edição

I. K. TAIMNI

GAYATRI

O Mantra Sagrado da Índia

EDITORA TEOSÓFICA

The Theosophical Publishing House
Edição em Inglês 1978
Adyar, Chennai (Madras), 600 020, Índia

EDITORA TEOSÓFICA,
Sig Sul Qd. 06 Lt. 1.235
70.610-460 – Brasília-DF – Brasil
Tel.: (61) 3322-7843
E-mail: editorateosofica@editorateosofica.com.br
Site: www.editorateosofica.com.br

T133 Taimni, I. K.

GAYATRI, O mantra sagrado da Índia / I. K. Taimni; tradução Marina Villares Lenz Cesar. Brasília: Editora Teosófica, 2ª Ed. 2019.
172p.

Título original: Gayatri
ISBN: 85-85961-42-2

I. Filosofia Oriental II. Título

CDD 181

Revisora: Marília Cossermelli
Diagramação: Helkton Gomes - Fone (61) 8485-2561
helkton@hotmail.com
Capa: Fernando Lopes
Impressão: Grafika Papel e Cores fone (61) 3344-3101
E-mail: comercial@papelecores.com.br

PREFÁCIO À EDIÇÃO BRASILEIRA

Este livro do Dr. I. K. Taimni trata-se, de fato, de uma joia rara. Uma joia de imenso valor. Este valor inestimável reside não tanto em nos oferecer, de forma bela e precisa, a filosofia, o significado e a técnica do mantra *Yoga* em geral e do mantra *Gāyatrī* em particular. Seu imenso valor reside, sobretudo, em nos revelar por meio de seus lúcidos e didáticos comentários, explanações e exemplos, o papel e a importância do estudo, da devoção e da meditação nas primeiras etapas do Caminho que conduz à Realização espiritual.

Ao analisar o lugar, a técnica, e os resultados do estudo, da devoção e da meditação em nossas vidas, o autor preenche um elo vital, raramente bem explicado na literatura sobre o desenvolvimento espiritual. Este elo vital é aquele que liga as primeiras aspirações do candidato à vida espiritual com a etapa em que ele começa a sentir e a perceber de forma inequívoca a luz, a felicidade e a realização de sua natureza interior profunda e dos mundos espirituais.

Este período árido, de dúvidas e incertezas é, sob certo aspecto, o mais difícil de todo o caminho. Por esta razão, ao nos mostrar o modo, isto é, qual a técnica por meio da qual podemos ir construindo conscientemente o caminho que atravessa estas primeiras etapas, o autor nos oferece uma joia de imenso valor.

Importante e supremamente belo como é o mantra *Gāyatrī*, ainda assim, ele se constitui em um instrumento particular para a elevação espiritual, ligado à tradição e à cultura da Índia. O maior valor da obra, como foi dito, reside nos princípios gerais que ela nos revela, mais ainda do que na beleza quase sem par do mantra que lhe deu o nome. Por tudo isso, é com grande satisfação que oferecemos este livro aos leitores de nossa língua.

A Editora

SUMÁRIO

PREFÁCIO

O edifício da Autocultura, que conduz finalmente à Iluminação, sustenta-se sobre três pilares: formação do caráter, *upāsanā* (adoração, veneração) e *Yoga.* Enquanto a importância do *Yoga* neste campo é bem reconhecida, geralmente a necessidade da formação do caráter e da *upāsanā* não é suficientemente considerada, e os aspirantes são encorajados a entrar no caminho do *Yoga* sem qualquer preparação. Tal procedimento geralmente resulta em fracasso, frustração e numa consequente perda de fé nos métodos do *Yoga.* Somente quando o aspirante tiver desenvolvido os necessários traços de caráter e um ímpeto dinâmico para encontrar a Verdade é que ele poderá percorrer firmemente o caminho do *Yoga.* A primeira questão foi tratada pelo autor em seu livro *Autocultura à Luz do Ocultismo* e a segunda no presente volume. Unicamente quando o terreno tiver sido bem preparado pela autodisciplina e pela *upāsanā* é que o aspirante poderá dedicar-se proveitosamente à prática do *Yoga,* a qual foi tratada detalhadamente na obra *A Ciência do Yoga.* Portanto, os três livros são, em certo sentido, de caráter complementar e esclarecem diferentes aspectos da *sādhana* ou caminho que conduz à Autorrealização.

Embora este livro se dirija primariamente para aqueles educados dentro do pensamento e da tradição hindu, alguns dos princípios gerais nele apresentados podem ser aplicados por todos os aspirantes em seu autodirecionamento para a cultura espiritual.

I. K. Taimni

CAPÍTULO I

INTRODUÇÃO

A *japa* (pronúncia meditativa) do *Gāyatrī* é uma parte integral da *samdhyā,* a prática diária dos hindus. Isso mostra que nossos *Rishis* (sábios) lhe atribuíram a maior importância, não apenas para a vida daqueles hindus profundamente religiosos e que perseguem seriamente o ideal da emancipação espiritual (*moksha*), mas também para a vida do hindu comum que está vivendo a vida mundana na busca da assim chamada felicidade. A fim de que possamos compreender porque nossos *Rishis* consideraram a *japa* do *Gāyatrī* tão essencial, precisamos apenas nos afastar por um momento da corrente da vida mundana e olhar para a condição do grande número de pessoas que estão sendo levadas por esta corrente, sem oferecer qualquer resistência. Enquanto continuamos fazendo parte desta corrente e não olhamos a vida de forma profunda e impessoal, não conseguimos perceber coisas que deveriam ser óbvias para qualquer pessoa inteligente.

Tomemos como exemplo a completa absorção do homem comum na vida ao seu redor, sem qualquer apercebimento ou pensamento a respeito do pano de fundo contra o qual a vida humana deveria ser vista. A maioria de nós esquece completamente o fato que estamos aqui por um período de tempo muito breve e que somos uma parte insignificante de um vasto e aparentemente ilimitado universo. De um ponto de vista puramente físico, um inseto rastejando nos Himalaias tem uma importância relativamente maior. Entramos nesta vida pelo portal do nascimento e depois de passarmos cerca de setenta anos neste planeta, sob todo o tipo de circunstâncias, desaparecemos pelo portal da morte. Esta procissão de seres vivos tem continuado por milhares de anos e, contudo, para muitas pessoas não ocorre se perguntarem a respeito de questões muito pertinentes como de onde viemos, para onde iremos e por que estamos aqui. Nossa atração pela vida, quer seja ela agradável ou desagradável, bem como nossa absorção nos interesses que desenvolvemos é tão completa que nem sequer estamos conscientes de que o grande problema da vida está o tempo todo à nossa frente e que um mistério avassalador nos envolve.

Estamos não apenas buscando nossos pequenos objetivos pessoais, de uma maneira fortuita, em um mundo aparentemente sem sentido, mas também mostramos a mesma falta de inteligência ao tratarmos dos grandes problemas da humanidade. Há uma falta completa de quaisquer princípios ou ideias mestras que indiquem a direção na qual devemos seguir. Existe uma vaga ideia de que devemos promover o bem-estar da humanidade, mas o que significa o verdadeiro bem-estar e como ele deve ser alcançado são questões sobre as quais existe aguda controvérsia e enorme conflito. Tanto assim que estamos aptos a destruir em uma guerra atômica a maior parte da humanidade, por cujo melhoramento deveríamos estar trabalhando e lutando! Poderia haver uma ilustração mais adequada desta predominante falta de inteligência, a despeito dos extraordinários feitos intelectuais da Ciência e do calibre mental, sem dúvida elevado, daqueles que dirigem os destinos das nações?

Muitos de nós, especialmente na Índia, que perseguimos intensamente estes objetivos passageiros em busca da felicidade, sabemos teoricamente que esta busca é inútil e que a felicidade real somente pode ser encontrada dentro de nós mesmos, por meio da elevação da consciência para os níveis superiores, transcendendo gradualmente as ilusões e limitações da vida inferior. Mas mesmo assim nada fazemos para promover as necessárias mudanças em nossa vida. Por quê? A razão para este comportamento anômalo, de acordo com nossos *Rishis,* está no fato de que a percepção das verdades mais profundas da vida e dos significados internos, até mesmo dos fatos mais comuns com os quais estamos em contato todos os dias, não depende do raciocínio ou do exercício da mente inferior, mas sim de uma faculdade espiritual mais elevada que é chamada *Buddhi,* a qual é referida vagamente como intuição na psicologia ocidental. O intelecto pode conhecer todos os fatos, mas a menos e até que ele esteja iluminado pela luz de *Buddhi* não conseguirá perceber seus significados mais profundos. É por esta razão que a atitude dos filósofos que todos os dias fazem conferências sobre os problemas mais profundos da vida não difere apreciavelmente da atitude do homem comum.

Também é por esta razão que o cientista que diariamente varre os céus e olha para as profundezas mais longínquas deste vasto universo não consegue perceber a insignificância de nossa vida humana, desde um ponto de vista puramente físico. Este é o por que de encontrarmos tantos instrutores religiosos ensinando Vedanta aos seus seguidores e ao mesmo tempo vivendo suas vidas como se esta filosofia fosse uma matéria de interesse meramente acadêmico. Estas pessoas parecem conhecer tudo e, no entanto, na realidade nada conhecem. O seu conhecimento está apenas no plano do intelecto. A faculdade de *Buddhi* ainda não foi desenvolvida, ou permitido o seu funcionamento em um grau adequado. O seu conhecimento ainda não se converteu em verdadeira compreensão pela iluminação de *Buddhi.*

Esta falta de percepção interna não é o único resultado do obscurecimento da faculdade de *Buddhi.* Quando se permite que esta faculdade fique adormecida em um grau extraordinário, devido a tendências e ações malévolas, isso pode resultar em fenômenos que parecem verdadeiramente espantosos do ponto de vista psicológico.

Podemos encontrar pessoas usualmente normais e sensatas agindo como lunáticos em certas questões. Podemos encontrar um notável domínio intelectual, até mesmo de verdades espirituais, existindo lado a lado com depravações morais da pior espécie. Não é fácil entender estas anomalidades a menos que reconheçamos esta diferença entre o intelecto e *Buddhi.* Todos estes casos são devidos a anomalidades no funcionamento de *Buddhi,* causadas quer por um desenvolvimento desequilibrado do intelecto, ou pelo fato do indivíduo ter permitido ser lentamente desviado para caminhos malignos.

A iluminação de *Buddhi* é necessária não apenas como uma proteção contra a possibilidade de nos desencaminharmos na vida, ou de cairmos em caminhos positivamente malignos, mas também no campo da *sādhanā,* quando embarcamos com a devida seriedade na divina aventura da Autorrealização. Muitas pessoas honestamente acreditam que tudo o que elas têm que fazer, a fim de assegurar o seu progresso espiritual, é encontrar um guru ou instrutor espiritual adequado, o qual as guiará em tudo e se tornará responsável pelo seu bem-estar espiritual. O fato real, contudo, é que não é possível nenhum verdadeiro trilhar do caminho espiritual até que o *sādhaka* tenha desenvolvido a luz de *Buddhi* suficientemente, de modo que possa encontrar dentro de si mesmo toda a guia que necessite para o seu avanço espiritual. O guru pode ajudá-lo em questões cruciais, ou em ocasiões especiais, mas ele não pode estar sempre às ordens do discípulo para ajudá-lo em toda e qualquer dificuldade ou provação. De fato, quanto mais o discípulo avança no Caminho mais ele deve aprender a ser independente de seu guru. A luz no Caminho deve vir de dentro. Esta luz, que é o resultado de um funcionamento saudável da faculdade de *Buddhi,* pode surgir do interior somente quando a mente está suficientemente purificada pelo reto viver e pela autodisciplina iogue, como indicado nos *Yoga-Sūtras* (II-28):

योगाङ्गानुष्ठानादशुद्धिक्षये ज्ञानदीप्तिरा विवेकख्यातेः ।

Yogāngānusthānad asuddhiksaye jñānadīptir āvivekakhyāteh.

"Da prática dos exercícios componentes do *Yoga,* com a destruição da impureza, surge a iluminação espiritual que se desenvolve em percepção da Realidade".

Esta luz, que é essencialmente da natureza de uma percepção espiritual, o capacita a entrar no Caminho da Santidade, guia-o através das diferentes etapas da longa e difícil jornada e o protege contra perigos e tentações de todos os tipos e, novamente, é esta luz que o capacita a rasgar o último véu que oculta a face do seu Bem-amado. Portanto, ele necessita de *viveka* ou iluminação de *Buddhi* desde o momento em que entra no Caminho até que ele transpõe o portal do *Nirvāna.*

O que foi dito acima nos mostrará a importância do desenvolvimento da faculdade de *Buddhi* e a razão pela qual nossos *Rishis* fizeram da *japa* do *Gāyatrī* uma parte integral da prática religiosa diária dos hindus. Eles não esperavam que todo hindu desejasse, ou estivesse qualificado para trilhar o difícil caminho da Autorrealização, mas eles queriam que todo hindu levasse uma vida de retidão baseada no *dharma;* eles queriam que todo hindu pelo menos mantivesse sua face voltada para Deus. Mesmo que ele não fosse forte ou desenvolvido o suficiente para trilhar o difícil Caminho, eles esperavam que ele vivesse inteligentemente e buscasse a felicidade comum da maneira certa e não por caminhos equivocados, os quais estão fadados a trazer-lhe incontáveis sofrimentos. Somente desta forma ele poderia lentamente desenvolver suas faculdades espirituais, até que ele tivesse a força e o discernimento suficientes para trilhar o Caminho da Santidade.

O mantra *Gāyatrī,* o qual é o elemento central na *upāsanā* de *Gāyatrī* ou *samdhyā* como é usualmente chamada, ocorre em todos os quatro Vedas e também nos Tantras e é referido em termos superlativos por muitos autores e *Rishis,* cujos nomes estão associados com as escrituras hindus. Embora os poderes e as virtudes atribuídos a esse mantra geralmente sejam expressos numa linguagem exagerada, a qual não pode ser tomada ao pé da letra, ainda assim, esta evidência universal e impressionante com relação à grande importância desse mantra não deveria deixar qualquer dúvida na mente do leitor de que esse mantra é capaz de desenvolver nossas faculdades espirituais de uma maneira notável, desde que usado apropriadamente.

É natural que um mantra tão antigo e de tão transcendente importância tenha sido tratado em muitas obras e comentários em sânscrito, embora não estejam disponíveis muitos tratados escritos exclusivamente sobre o assunto. Mesmo assim, uma literatura volumosa embora incoerente se desenvolveu ao longo de séculos. A maior parte desta literatura é superficial, produzida por autores que aumentaram a literatura sem lançar qualquer luz adicional sobre o assunto. Muitos comentaristas trocaram completamente o real significado das frases e palavras usadas no mantra *Gāyatrī,* de modo que um assunto essencialmente puro e elevado tem sido obscurecido por longas explicações que não explicam coisa alguma e servem apenas para mistificar o leitor. A verdade é essencialmente simples e para compreendê-la não necessitamos de complicadas explicações revestidas de linguagem abstrusa, mas sim de um intelecto penetrante, sério e purificado, o qual com a luz de *Buddhi* pode refletir a Verdade dentro de si.

Qualquer um que examine a vasta literatura da religião e da filosofia hindu pode logo perceber que uma parte considerável desta literatura é meramente uma massa de adições, que se desenvolveu ao redor do núcleo de verdades essenciais e vitais durante o curso de milhares de anos. No começo de qualquer movimento espiritual, aqueles que deram o ímpeto inicial têm pelo menos algum conhecimento direto das verdades e tentam revesti-las com linguagem significativa, sintética e simples. Esta literatura é meramente o veículo das verdades reais por eles experimentadas e reflete aquelas verdades até onde isso pode ser feito através do meio rudimentar e imperfeito de qualquer linguagem. Com o passar do tempo as coisas mudam. Os que conheciam diretamente são substituídos por conhecedores de segunda mão e por meros eruditos, para os quais a verdade se torna apenas uma questão de conhecimento e debate intelectual. Tendo perdido o contato direto com as realidades das verdades que eles estudam e expõem, eles se tornam cada vez mais interessados e envolvidos em questões de expressão e interpretação. Deste modo cresce uma volumosa literatura criada artificialmente com o intuito de satisfazer o intelecto. Uma parte dessa literatura ainda possui algum valor porque ela elabora e serve para explicar até um certo ponto as verdades primárias. Mas grande parte dela não tem nenhum valor, não guardando qualquer relação com os fatos envolvidos. Parte dela é puro lixo, criada para impressionar as massas ignorantes e compensar a falta de conhecimento real. Grande parte da nossa literatura em sânscrito no campo da religião e da filosofia é desse tipo. O aspirante com discernimento pode intuitivamente selecionar os diferentes tipos de produções e separar o vital do espúrio.

Um hábito destes produtores de segunda classe é particularmente enganoso. Eles às vezes atribuem sua produção a algum sábio bem conhecido e tentam deste modo conquistar para ela um *status* que ela de outro modo não poderia adquirir. Pode ser que em alguns casos isso seja feito por devoção à pessoa em cujo nome a produção aparece, mas dificilmente pode ser justificado porque lhe confere uma autoridade que de outro modo ela não poderia ter. Muitas produções literárias comuns, que teriam logo morrido naturalmente e sido completamente esquecidas, têm sido mantidas vivas por sua associação a um nome de memória santificada. A dificuldade real em todos estes casos é que muitas pessoas são induzidas a equívocos ou a atribuir uma importância ao que está escrito nestes livros que de outro modo não o fariam. Portanto, que o leitor seja cauteloso ao aceitar a autoria de livros que têm sido transmitidos sob nomes importantes. E que ele não cometa o equívoco de acreditar que tudo o que está escrito em sânscrito é a própria verdade de Deus.

Ao estudarmos qualquer assunto de profundo significado devemos considerar seus vários aspectos sob diferentes pontos de vista, a fim de obtermos uma compreensão adequada do assunto como um todo. Isso não é fácil, porque quanto mais profundamente um assunto penetra nos problemas da vida, maior é o número de pontos nos quais ele toca a vida e suas manifestações e se torna mais difícil estudá-lo completamente. Na realidade, a vida é essencialmente una e, portanto, a compreensão apropriada de um de seus aspectos requer o estudo de todos os outros aspectos. É verdade que para se conhecer o todo devemos conhecer todas as partes constituintes, mas também é verdade que a fim de se conhecer qualquer parte perfeitamente devemos conhecer o todo. Todas as coisas estão conectadas umas com as outras, embora talvez não sejamos capazes de ver esta conexão. Esta é a razão por que nossos *Rishis* não se preocuparam em estudar muito detalhadamente os fenômenos da Natureza como o faz a Ciência moderna. Eles sabiam que por mais completo que fosse nosso estudo de qualquer parte do universo manifestado jamais poderíamos estudá-lo de forma completa e verdadeira. Eles foram em busca do Todo, da Realidade subjacente, a qual uma vez conhecida permite que todas as coisas possam ser conhecidas realmente, em essência e na correta perspectiva. Pois, qualquer um que conheça o Todo conhece essencialmente todas as inumeráveis partes que constituem o Todo e se, por alguma razão, se tornar necessário conhecer os detalhes superficiais de qualquer aspecto particular da vida, isso pode ser feito de forma muito fácil e efetiva.

A temática relacionada com o *Gāyatrī* tem um significado muito profundo, pois diz respeito à relação entre o homem, o universo e a Realidade que subjaz a ambos. É necessário, portanto, que ao estudar o assunto o leitor esteja familiarizado com a filosofia básica do Hinduísmo, a qual define a relação entre estas três realidades fundamentais do universo manifestado. Tão somente à luz do panorama de uma tal filosofia é que o assunto pode ser estudado e apreciado apropriadamente. Assim sendo, cabe aqui a apresentação de um breve resumo desta filosofia, antes de avançarmos em nosso estudo.

Como é bem conhecido, de acordo com a filosofia dos *Rishis* que recomendaram o uso do mantra *Gāyatrī* na prática religiosa diária dos hindus, todo o universo cognoscível é a expressão externa de uma Realidade transcendente que está além dos sentidos e além até mesmo do alcance do intelecto. Esta Realidade, que em linguagem comum é referida como Deus, se manifesta, de um lado, como o universo inanimado que vemos ao nosso redor, estendendo-se em todas as direções e por diferentes planos e, de outro, na forma de incontáveis *Jīvātmās* (Mônadas individuais) que são essencialmente da natureza da consciência e que podem ser consideradas como centros ativos naquela Realidade transcendente.

Esses centros eternos da Consciência Divina encontram-se envolvidos no universo manifestado e lutando para realizarem suas verdadeiras naturezas, através de um longo curso evolutivo que se estende por uma série de vidas. Quando esta evolução atinge sua consumação cada *Jīvātmā* alcança a realização de que ele é divino, eterno, autossuficiente e uno em essência com a Realidade subjacente do universo, bem como que os problemas, as tristezas e as agonias pelas quais passou eram parte da Grande Ilusão, que é uma parte necessária do processo evolutivo. Não é necessário entrar aqui em qualquer questão metafísica. Qual é a natureza do universo e dos *Jīvātmās*? Por que esses *Jīvātmās* inicialmente se envolveram nesse processo do mundo? Essas são questões interessantes mas, na verdade, elas estão além do alcance do intelecto e, deste modo, jamais poderão ser respondidas satisfatoriamente em termos do intelecto. Elas são questões últimas (*ati-prashna*) que podem ser solucionadas, ou melhor, resolvidas apenas por meio da Autorrealização dentro das profundezas e do silêncio da nossa própria consciência. De qualquer maneira, não estamos preocupados com estas questões neste momento. Estamos preocupados apenas com a questão básica e prática de como esses *Jīvātmās,* ou centros da Consciência Divina, que se acham envolvidos no sofrimento e na ilusão, podem livrar-se destas limitações e condições dolorosas por meio de um processo progressivo de Autorrealização.

Um estudo objetivo e científico, por meio dos métodos do *Yoga,* a respeito da constituição total desses *Jīvātmās* e do lado oculto do universo manifestado, mostrou a esses *Rishis,* muitos dos quais eram Homens Perfeitos ou *Siddha Purushas,* que embora cada *Jīvātmā* em sua natureza mais interna e essencial seja tão somente um centro na Consciência Divina universal, ele está associado com a matéria dos diferentes planos que constitui seus corpos ou *koshas.* Através desses corpos a consciência do *Jīvātmā* funciona nos respectivos planos do universo manifestado, físico e suprafísico. Embora nos planos espirituais mais elevados o *Jīvātmā* seja consciente de sua verdadeira natureza, o que está indicado pela frase *Sat-Chit-Ānanda* (Ser, Consciência e Bem-aventurança), cada descida aos planos inferiores limita e obscurece cada vez mais sua consciência, de modo que no plano físico, que é o mais denso, suas limitações são as maiores possíveis e o apercebimento de sua natureza divina está ausente. O ser humano total, portanto, pode ser melhor considerado como uma manifestação centralizada da Realidade, através de um conjunto de veículos de crescente densidade, os quais progressivamente obscurecem sua consciência e limitam seus poderes. O modo como ocorre este obscurecimento progressivo da consciência, ao passar por meios diferentes, pode ser entendido através do seguinte experimento baseado no fenômeno da luz.

Fazendo-se um feixe de luz passar sucessivamente através de diferentes tipos de meios, cada meio diminuirá a intensidade e alterará a composição da luz e a luz que finalmente emerge estará afetada pela absorção e distorção de cada um dos meios intermediários, como mostra o diagrama abaixo:

vidro	álcool	água	ar
distorções	tintura colorida	sedimentos	poeira e fumaça

De que maneira podemos minimizar as modificações produzidas pelos meios? Simplesmente removendo as impurezas e distorções que existem neles. Remova a fumaça do ar por absorção, remova a cor do álcool por meios químicos, remova os sedimentos da água por centrifugação, remova a distorção do vidro por meio de recozimento e têmpera e a luz que emergerá será praticamente tão brilhante e pura como o era originalmente.

Podemos imaginar a mais elevada consciência do *Jīvātmā* sendo afetada de uma forma análoga ao passar através dos meios dos diferentes veículos, de modo que quando finalmente emerge dentro do cérebro humano ela foi em grande medida modificada e obscurecida por todos os veículos intermediários. Algumas destas modificações e limitações são inerentes ao funcionamento da consciência através dos diferentes veículos, enquanto que outras devem-se às imperfeições dos veículos ou às impurezas e distorções produzidas durante o curso da evolução. As primeiras perduram enquanto a consciência permanece ligada aos veículos, ao passo que as últimas podem ser removidas por meio da *sādhana* e da autodisciplina *yogue.* Quando o processo de aperfeiçoamento e purificação completou-se, a consciência pode funcionar através dos veículos sem obscurecimento e limitações, tanto quanto isto é possível dentro das limitações referidas acima. Isto significa Iluminação ou *jīvanmukti*. Quando os veículos inferiores são transcendidos, mesmo as limitações do outro tipo desaparecem e *Videhamukti* é alcançada.

Uma vez que a Iluminação pode ser considerada como uma expressão da consciência sem ser indevidamente tolhida e obscurecida por seus veículos, a *sādhana* para se alcançar o estado de Iluminação deve estar relacionada fundamentalmente com a reorganização e purificação dos veículos. Mesmo a consciência comum que se expressa através do cérebro físico é fundamentalmente derivada da Consciência pura e perfeita de *Brahman* e, portanto, todas as expressões de consciência são expressões da Consciência Divina. Mas as limitações impostas sobre esta consciência pelos veículos inferiores são de uma natureza tão drástica que não resta quase nada em comum entre as suas expressões nos planos inferiores e superiores. A primeira tarefa do *sādhaka* ou aspirante, portanto, não se trata de alcançar a Iluminação, mas sim de remover os densos obscurecimentos impostos pelos veículos inferiores, de modo que ele possa trabalhar com o auxílio da luz que vem dos veículos mais sutis nos planos espirituais. É essa luz que é a luz de *Buddhi* e com a qual o mantra *Gāyatrī* está relacionado. Por um longo tempo o *sādhaka* deve trabalhar à luz dessa consciência espiritual e é tão somente quando o processo de purificação e aperfeiçoamento completou-se que ele estará numa posição de penetrar através dos véus mais sutis e atingir a Iluminação.

Segue-se também, do que foi dito acima, que a liberação do *Jīvātmā* deve ser um processo gradual e progressivo e que não é necessário que o *sādhaka* espere até que o último estágio seja alcançado para obter resultados. De fato, tão logo se inicia o processo de purificação e harmonização, começam a aparecer mudanças na consciência, embora estas possam não se manifestar na forma que ele espera ou deseja. Por exemplo, muitos *sādhakas* ao começar uma *sādhana* de qualquer tipo esperam obter visões e coisas deste gênero. Mas geralmente nada disso acontece. O mais provável é que tudo o que o *sādhaka* experimente seja uma paz e uma força interior, bem como uma maior capacidade para ver claramente os problemas da vida e suas ilusões, e também as suas próprias fraquezas e tolices. Algumas vezes, quando há uma grande quantidade de impurezas ocultas nos veículos inferiores, as fraquezas que lhes são correspondentes podem vir à superfície e o *sādhaka* pode, de fato, sentir um aumento temporário de perturbação mental e deterioração moral. Mas sc ele tomar estas coisas como algo inerente ao processo que está vivendo e continuar pressionando em direção ao seu objetivo, com determinação e inteligência, estas nuvens estão fadadas a se dispersar gradualmente e a permitir que mais luz se manifeste.

CAPÍTULO II

A NATUREZA DE *GĀYATRĪ*

O capítulo anterior nos dá muito resumidamente os fundamentos filosóficos à luz dos quais a temática relacionada com o *Gāyatrī* deve ser estudada. Neste capítulo tentaremos entender, tanto quanto isso é possível, a natureza essencial de *Gāyatrī*. A palavra *Gāyatrī* é usada nas escrituras hindus com três significados diferentes. É usada, primeiramente, para designar o bem conhecido mantra, que é recitado e sobre o qual se medita durante *samdhyā*. Em segundo lugar, para a métrica ou *chandas* na qual o mantra acima está formulado. Em terceiro lugar, a palavra é usada para designar a *Devī* (Deusa) que detém o poder deste mantra. A natureza e o significado do mantra *Gāyatrī*, bem como a sua métrica serão considerados em capítulos posteriores. Consideraremos aqui a natureza essencial da *Gāyatrī Devī* ou daquele Poder que é invocado na *japa* e na *upāsanā* de *Gāyatrī*.

De acordo com as doutrinas da filosofia hindu, no estado conhecido como Realidade imanifestada ou *Nirguna Brahman,* Consciência e Poder estão presentes como uma Unidade, não diferenciada e não distinguível. Quando ocorre a manifestação, a diferenciação primária se dá entre Consciência e Poder, ou *Shiva* e *Shakti. Shakti* se diferencia ainda mais em inumeráveis poderes, correspondentes às múltiplas funções que têm que ser exercidas no universo manifestado, cada poder de *Shakti* estando ligado a uma correspondente função da consciência. Estes são os *Devatās* e as *Devīs* (divindades) do Hinduísmo. A cada função e poder é dado um nome e uma forma particular, tendo a forma um profundo significado simbólico que visa dar ao *sādhaka,* numa imagem concreta, um conceito integrado daquela determinada função ou poder Divino.

Qual é a função específica desempenhada pela *Gāyatrī Devī*? Trata-se da função liberadora de *Īshvara,* a qual liberta as almas do aprisionamento no qual o poder de *Māyā* as envolve. Estas duas funções situam-se na base do *Pravritti* e do *Nivritti mārgas* (os caminhos de involução e evolução) que são como duas correntes fluindo em direções opostas. Do mesmo modo que o processo de aprisionamento começa com *eko 'ham... bahu syām* (Eu sou um e me tornarei muitos) e coloca em ação o poder de *Māyā,* assim também o processo inverso de liberação começa com *bhargo devasya dhīmahi* (Meditamos na divina Luz do Senhor) e coloca em ação o poder de *Gāyatrī*. O primeiro é a base da involução, o segundo da evolução.

Este aprisionamento ocasionado pelo poder de *Māyā* não deve ser considerado como uma forma de escravidão, mas antes como a necessidade de passar-se por um ciclo evolutivo a fim de tornar possível a perfeição da Mônada humana. Mas, quando a evolução alcançou determinado ponto a Autorrealização, torna-se uma parte necessária do progresso posterior e então surge a necessidade do poder de *Gāyatrī,* o qual gradualmente dispersa as nuvens da ignorância e permite à Mônada ver o Sol espiritual que brilha eternamente atrás das nuvens, bem como sua unidade com este Sol. *Māyā* e *Gāyatrī* são desse modo as servas da Divindade e ambas são igualmente necessárias no desenvolvimento do processo mundial. Estes são os dois poderes complementares representados pelo antílope e pela machadinha no bem conhecido *Dhyāna-mantra* (mantra de meditação) de *Shiva.*

A involução dentro da matéria é efetuada através da identificação com a matéria. A evolução para fora da matéria é realizada pela identificação com a consciência. Quanto mais nos identificamos com a matéria, mais submergimos na matéria e nos tornamos prisioneiros de nossos veículos e de nosso meio ambiente. Quanto mais nos identificamos com a consciência, mais nos libertamos do *jada jagat* (universo material) e suas ilusões e nos tornamos cônscios daquela Realidade que é conhecida como Deus. Esta realização da nossa verdadeira natureza pode ocorrer em três níveis: intelectual, intuicional e Real; e as três formas do *Gāyatrī* usadas na *trikāla-samdhyā* (adoração realizada nos três momentos críticos do dia) estão conectadas com estes três estágios.

Isso nos leva à consideração da simbologia da *Gāyatrī Devī*. Conforme assinalado anteriormente, as formas atribuídas às várias Divindades ou deuses e deusas na religião hindu são todas de caráter simbólico, cada parte ou característica da forma representando algum poder, atributo ou função. Esta representação não é feita de um modo aleatório, mas segue certos princípios gerais que não necessitamos considerar aqui. O ponto principal que devemos ter em mente na interpretação dos símbolos é que o símbolo escolhido é de uma tal natureza que sugere fácil e naturalmente à mente a qualidade ou poder que se busca representar por meio dele. Os objetos escolhidos como símbolos são em geral aqueles com os quais o homem comum está familiarizado. Assim, a lua crescente na cabeça de *Shiva* simboliza periodicidade e tempo, a concha na mão de *Vishnu* simboliza *Nāda,* o poder oculto no som, o rosário na mão de *Brahmā* simboliza *japa* e assim por diante. Deste modo, a representação simbólica corporifica numa forma composta e concreta todos os conceitos filosóficos e da tradição associados com as Divindades e ajuda o *sādhaka* a relembrar estes conceitos no momento da meditação.

A simbologia da *Gāyatrī Devī* é a mesma que a da Divindade Trina (*Trideva)* – *Brahmā, Vishnu* e *Mahesha* – sendo que a única diferença é que a forma é feminina ao invés de masculina. Isto sem dúvida significa que as três formas femininas representam aquele poder que capacita o *sādhaka* a unir sua consciência com a Consciência das três Divindades. As três formas de *Gāyatrī* não têm nada a ver com os poderes utilizados pelas três Divindades no exercício de suas funções normais no universo manifestado. Estes poderes que são referidos como os poderes de criação, preservação e destruição, são representados pelas três deusas - *Sarasvatī, Lakshmī* e *Kālī* – que são chamadas as consortes de *Brahmā, Vishnu* e *Rudra* (ou *Mahesha),* respectivamente. Assim, se um devoto quer conhecimento *(vidyā)* ele adora *Sarasvatī,* se quer riquezas ele invoca *Lakshmī* e se quer ajuda em grandes calamidades ele apela a *Kālī.* Mas se ele não quer nada que as três Divindades possam lhe dar através de seus respectivos *Shaktis,* mas deseja o próprio *Īshvara,* então ele deve invocar *Gāyatrī* porque Ela representa o poder que pode habilitá-lo a unir sua consciência com a de *Īshvara* e deste modo conhecê-Lo. Esta é a diferença entre o verdadeiro devoto que ama e adora a Deus unicamente por Ele mesmo e pelo privilégio de servi-Lo e do devoto que se aproxima de Deus devido a todos os diferentes tipos de coisas que Dele pode obter. Cada um obtém aquilo que deseja e pede, mas pedir a Ele meramente por coisas que Ele pode nos dar ao invés do privilégio de conhecê-Lo e tornar-se uno com Ele certamente demonstra uma total falta de sabedoria.

Este conhecimento pode dar-se em três níveis: intelectual, intuicional e Real (a palavra Real sendo usada no mesmo sentido que Realização ou *pratyaksha jñāna),* os quais correspondem aos três aspectos de *Brahmā, Vishnu* e *Mahesha,* respectivamente. Em primeiro lugar, é possível conhecer *Īshvara* através do intelecto. Um erudito que estudou profundamente Ciência, Filosofia e Religião pode adquirir algum conhecimento relativo à natureza de *Īshvara* e Suas funções no universo. É verdade que este conhecimento, se for puramente intelectual, não é confiável nem verdadeiramente satisfatório, como já foi mencionado na Introdução e portanto é da mais baixa ordem. Mas deve-se reconhecer que é conhecimento e que pode servir como base ou degrau para o verdadeiro conhecimento. É possível, então, conhecer *Īshvara* por meio da intuição ou percepção espiritual. Este tipo de conhecimento está fundamentado na percepção indireta da Realidade que é a base do universo manifestado e está se expressando através de todas as formas existentes. Enquanto o indivíduo estiver confinado dentro do reino das formas ele não pode ver *Īshvara* diretamente, mas pode reconhecer a Realidade imanente através das formas. Ele pode sentir da maneira mais vital e intensa o amor, a bem-aventurança, a beleza e o poder desta Realidade dentro de si mesmo. Uma vez que este conhecimento se baseia na experiência pessoal e vem do interior, ele é completamente diferente e infinitamente superior ao conhecimento intelectual acima referido. Finalmente, é possível ao *sādhaka* conhecer *Īshvara* diretamente por meio da fusão de sua consciência com a Dele. Quando o "eu" do *sādhaka* desaparece completamente e apenas a Realidade oculta por detrás daquele "eu" permanece, somente então é que *Īshvara* pode ser conhecido como Ele realmente é. Esta Autorrealização, que é o conhecimento de *Mahesha* ou da natureza transcendental de *Īshvara,* é o mais alto tipo de conhecimento possível ao homem.

O fato de que a *upāsanā* de *Gāyatrī* leva ao gradual desenvolvimento da consciência humana nestes três níveis, passo a passo, nos permitirá compreender a referência à *Gāyatrī* como sendo a mãe dos Vedas. Os Vedas, em seu sentido mais abrangente e profundo, significam a totalidade do conhecimento que existe nos planos mais elevados em relação ao Manifestado e ao Imanifestado. Este é o conhecimento com o qual os *Rishis* entraram em contato direto por meio de seus poderes *yóguicos* interiores, e que eles apresentaram sob a forma de *Shrutis.* Qualquer pessoa que esteja familiarizada com os Vedas, ainda que superficialmente, pode ver que o conhecimento neles contido é fragmentário e não poderia jamais representar a totalidade do conhecimento como ele deve existir oculto na Mente Universal. Deixando de lado o fato de que a maior parte dos Vedas, conforme eles existiram no passado, foi perdida e que ficamos apenas com uma parte remanescente, mesmo os Vedas completos e não mutilados, que sem dúvida um dia existiram, jamais poderiam representar o verdadeiro Veda que pela sua própria natureza não pode estar contido em qualquer tipo ou número de livros. Seria tão absurdo supor-se isso quanto o seria imaginar-se que poderia chegar o tempo em que o conhecimento científico se tornaria completo e que um dia alcançaríamos as últimas fronteiras desse conhecimento. A dificuldade de se estabelecer mentalmente um limite para o conhecimento acerca dos planos suprafísicos é ainda maior, porque muito deste conhccimento mal pode ser expresso através do meio rudimentar da linguagem. O conhecimento pela sua própria natureza é infinito e jamais poderá estar contido dentro dos estreitos limites de qualquer número de livros, por mais elevada e sagrada que seja a sua origem. Assim sendo, na melhor das hipóteses, podemos tomar os quatro Vedas, conforme eles nos foram transmitidos, como uma amostra fragmentária de um todo infinito, com o qual podemos entrar em contato parcial tão somente dentro das profundezas de nossa consciência e que não podemos jamais expressar plenamente através do meio da linguagem. Esta ideia foi muito bem expressa no aforismo IV-31 dos *Yoga-Sūtras:*

तदा सर्वावरणमलापेतस्य ज्ञानस्यानन्त्याज्ज्ञे-
यमल्पम् ।

tadā, sarvāvarana-malāpetasya jñānasyā-
nantyāj jñeyam alpam.

"Então, em consequência da remoção de todo obscurecimento e impureza, aquilo que pode ser conhecido (por meio da mente) é pouco em comparação com a infinitude do conhecimento (obtido na Iluminação)."

Se aceitamos esta concepção dos Vedas, não deveria haver nenhuma dificuldade para compreendermos o que se pretende dizer na referência à *Gāyatrī* como a mãe dos Vedas. *Gāyatrī* nos auxilia a desenvolver progressivamente a consciência humana. O desenvolvimento da consciência humana, ao alcançar um certo estágio, nos faculta a entrar em contato, através dos níveis mais profundos de nossa consciência, com a Mente Universal na qual o conhecimento dos Vedas está contido. Portanto, podemos perceber que a única maneira verdadeira e efetiva de conhecer os Vedas é por meio de *Gāyatrī*, ou de qualquer outro meio que produza este desenvolvimento progressivo da consciência. A referência à *Gāyatrī* como a mãe dos Vedas é, deste modo, não apenas justificada, mas é a maneira mais bela e adequada pela qual poderíamos caracterizar uma de suas funções.

Já foi mencionado que o conhecimento que se manifesta dentro de nós através da *upāsanā* de *Gāyatrī* se dá em três níveis: intelectual, intuicional e Real. O conhecimento que aparece quando o *sādhaka* entra em contato com a Mente Universal pertence ao primeiro e mais baixo dos níveis. Este é o conhecimento pertencente ao intelecto puro, o qual é simbolizado pelo livro nas mãos de *Brahmā*. Há dois estágios adicionais do conhecimento – o intuicional e o Real – os quais são alcançados pelo *sādhaka* quando sua consciência penetra nos níveis ainda mais profundos do seu ser. Estes níveis pertencem às Consciências de *Vishnu* e *Mahesha*.

Não há necessidade de elaborarmos ainda mais acerca dessa ideia. O ponto principal a ser compreendido é que a *japa* e a *upāsanā* de *Gāyatrī* são meios para o desenvolvimento da consciência humana sem quaisquer limites. O desenvolvimento inicia-se no estágio particular em que se encontra o *sādhaka* e pode continuar sem qualquer limite até que ele alcance o último estágio de Autorrealização possível a um ser humano, isto é, *Jīvanmukti, Nirvāna* ou qualquer nome que se queira dar a este estado de Iluminação. Nos estágios iniciais este desenvolvimento dificilmente merece o nome de iluminação. Muito deve ser feito antes que alguma luz espiritual, advinda dos recessos mais internos do nosso ser, possa penetrar nos reinos da nossa mente. Impurezas devem ser removidas, distorções devem ser retificadas e os veículos devem ser harmonizados. É tão somente numa mente assim preparada, liberta destes defeitos comuns, que a luz do conhecimento superior pode se manifestar. Mas quando esta luz do conhecimento de fato aparece, o *sādhaka* acendeu a sua própria lâmpada e, na luz emitida por esta lâmpada, ele pode trilhar com firmeza o Caminho que conduz finalmente à Autorrealização. Porém o trabalho preparatório deve ser feito antes que esta luz espiritual, chamada *viveka-khyāti* possa surgir dentro de nosso coração, como indicado no aforismo II-28 dos *Yoga-Sūtras* apresentado na Introdução.

O estudante perceberá, a partir do que foi dito nos parágrafos anteriores, que as afirmações frequentemente encontradas na literatura religiosa do Hinduísmo, de que o propósito da *upāsanā* de *Gāyatrī* é meramente destruir os pecados cometidos durante o dia, são completamente enganosas. Em primeiro lugar, trata-se de uma grosseira subestimação do poder e da eficácia da *upāsanā* de *Gāyatrī* e, em segundo lugar, nos dá uma ideia inteiramente equivocada com relação ao seu propósito. A vida se tornaria extraordinariamente simplória, tão somente uma caricatura grosseira da Sabedoria e Justiça Divinas, se pudéssemos eliminar os efeitos de todos os pecados que cometemos durante o dia por meio da mera repetição de um mantra certo número de vezes. Qualquer um que repetisse o mantra *Gāyatrī* todos os dias poderia, neste caso, ter a esperança de iniciar cada dia tão inocente e isento de responsabilidade quanto um bebê recém-nascido, tão somente com o *punya* (mérito) do passado em sua conta *kármica.* Mas todo *sādhaka* sabe no fundo de seu coração que não é possível que isso seja verdade. Em que sentido, então, deve ser considerada a afirmação acima? Apenas no sentido de que as tendências para fazer o mal são, até certo ponto, neutralizadas pela *upāsanā* de *Gāyatrī*. Toda boa ou má ação, pensamento ou emoção tem dois tipos de resultados. Em primeiro lugar, eles desenvolvem no indivíduo uma certa tendência para fazer o bem ou o mal daquele determinado tipo e, em segundo lugar, produzem certos efeitos nas outras pessoas que resultam na geração de bom ou mau *karma*. Este último tipo de efeito não pode ser eliminado de nenhuma maneira e tem que ser enfrentado no curso normal da vida, através de experiências agradáveis ou desagradáveis no futuro. Mas o primeiro tipo de efeito, que está relacionado com o desenvolvimento de tendências no próprio indivíduo, pode ser reforçado ou neutralizado pela *upāsanā* de *Gāyatrī*, ou qualquer outro tipo de prática que resulte na geração de forças espirituais dentro de nós.

CAPÍTULO III

O MANTRA *YOGA*

Após termos examinado a natureza daquele Poder Divino que está por detrás do nome e da forma simbólica da *Gāyatrī Devī*, passaremos agora à consideração do mantra *Gāyatrī*, por meio do qual o poder desta *Devī* pode ser invocado e utilizado para o desenvolvimento da consciência humana e para se alcançar a suprema meta do esforço humano – a Autorrealização. Porém, antes de tentarmos examinar e compreender o mantra *Gāyatrī*, deveríamos saber o que é realmente um mantra. A *upāsanā* de *Gāyatrī* funde-se com a técnica do *Yoga* em seus estágios superiores e ninguém pode apreciar plenamente os diferentes aspectos da *upāsanā* de *Gāyatrī* se não estiver familiarizado, em termos gerais, com a teoria e a técnica do *Yoga*. O ramo particular do *Yoga* que está especialmente envolvido na *upāsanā* de *Gāyatrī* é o Mantra *Yoga*. Este é de grande auxílio na *sādhana*, principalmente para o iniciante. Sob o título aparentemente pretensioso de Mantra *Yoga*, parece pouco familiar, porém, na Índia, todos entendem o que é *japa*. O Mantra *Yoga* é essencialmente a técnica do desenvolvimento espiritual por meio da prática da *japa*.

Em todo o mundo um número muito grande de pessoas religiosas praticam *japa* e a sua prática não está de modo algum confinada aos hindus como pensam algumas pessoas. Os católicos romanos têm o seu rosário e os muçulmanos possuem o seu *tasbeeh*. Mas muitas pessoas fazem *japa* de uma forma bastante mecânica, sem compreenderem a sua teoria ou a sua técnica. Por isso que os resultados que elas conseguem alcançar são de uma natureza muito limitada e superficial. É verdade que onde o elemento da devoção é forte e há um esforço sincero de viver a vida espiritual, um considerável progresso pode ser feito, mesmo sem muito conhecimento acerca da teoria da *japa*. Isso não significa que o conhecimento sobre Mantra *Yoga* seja inútil, e que não devêssemos usar nossa inteligência ao aplicar sua técnica. Significa apenas que por detrás da simples técnica há forças poderosas atuando, as quais se fazem sentir a despeito da falta de compreensão apropriada. Um técnico que entra numa casa para consertar um ventilador elétrico pode realizar uma tarefa comum sem nenhuma dificuldade, mas como o seu conhecimento é empírico e limitado, ele não pode enfrentar problemas grandes e complicados que envolvam o uso da eletricidade. Para isso é necessário um engenheiro devidamente treinado que possua um conhecimento científico adequado.

Este Mantra *Yoga* é um assunto de abrangência razoavelmente ampla, embora os princípios essenciais que o fundamentam sejam poucos em número. Ao redor do conhecimento essencial e fundamental desta Ciência, cresceu ao longo de séculos uma vasta literatura, embora algo trivial, geralmente referida como Mantra *Shāstra*. Este Mantra *Shāstra,* ao contrário do Mantra *Yoga,* trata principalmente da aplicação desta Ciência para a obtenção de objetivos pessoais e egoístas, enquanto que o Mantra *Yoga* tem apenas um objetivo – o desenvolvimento de nossa natureza espiritual. Muito embora os princípios básicos utilizados no Mantra *Yoga* e no Mantra *Shāstra* sejam os mesmos, e científicos em sua natureza, esta diferença fundamental quanto à motivação faz uma grande diferença no que diz respeito à aplicação destes princípios. A aplicação de qualquer Ciência para propósitos pessoais e especialmente para propósitos maléficos sempre está acompanhada de perigos de vários tipos e, como uma proteção, é necessário empregar muitos esquemas que possam resguardar o *sādhaka* contra estes perigos. Por esta razão a técnica do Mantra *Shāstra* é muito elaborada e requer uma rigorosa conformidade às regras traçadas por aqueles que elaboraram estas técnicas. Menciona-se nos *Purānas* que Vritra, o inimigo de *Indra,* por ter entoado um mantra com uma entonação (*svara*) errada matou-se, ao invés de matar seu inimigo. Quanto mais elevado e espiritual o objetivo de um mantra mais simples é a técnica e menor o perigo ao usá-lo inteligentemente. É necessário chamar a atenção para a palavra "inteligentemente", pois mesmo o uso de mantras como o *Pranava* (a sílaba sagrada *Om)* requer conformidade a certas condições, embora estas sejam de um tipo diferente. De qualquer modo, uma vez que estamos tratando do assunto do Mantra *Yoga,* especialmente em relação à *japa* do *Gāyatrī,* não necessitamos aqui entrar nestas questões.

A doutrina básica subjacente ao Mantra *Yoga* é que todo este sólido e tangível universo que vemos ao nosso redor é constituído tão somente de diferentes tipos de vibrações e energias operando em diferentes níveis. As coisas que parecem tão sólidas e reais não são o que elas aparentam ser, mas meramente o resultado da interação de diferentes tipos de energias e da consciência. Isso parecia uma doutrina fantástica apenas pouco mais de meio século atrás, quando considerava-se a matéria como sendo constituída por átomos materiais e indestrutíveis. Mas o progresso da Ciência durante este século, especialmente da Física e da Química, corroborou esta doutrina quase que inteiramente e de uma maneira bastante inesperada. Com as descobertas que foram feitas em relação à natureza do átomo, nossas ideias acerca da matéria mudaram completamente e hoje vemos todo o universo físico não mais como uma massa de irredutíveis átomos sólidos, mas como um extraordinário jogo de diferentes tipos de energias. Os cientistas descobriram que aquilo que parecia aos sentidos um universo tangível era, em sua maior parte, espaço vazio. Calculou-se que se todos os átomos presentes no corpo de um homem fossem juntados e todos os espaços vazios nestes átomos fossem eliminados, nós obteríamos um pontinho tão pequeno que seria necessário uma lente de aumento para poder vê-lo. E mesmo este pontinho de matéria pode estar composto tão somente de energia, de acordo com a famosa fórmula de Einstein, $E=mc^2$, a qual mostra que matéria e energia são interconversíveis. De modo que podemos assumir como sendo um fato quase provado que a matéria física praticamente não passa de um variado arranjo de diferentes tipos de energias em diferentes níveis.

Nossos *Rishis* foram mais longe na investigação deste problema da constituição do universo e, por meio de seus poderes supranormais, descobriram que os elementos intangíveis do universo, como os pensamentos e as emoções, também têm uma base material – usando-se a palavra "material" em seu mais amplo sentido –, mas a matéria mais sutil através da qual operam estes elementos também é, no fundo, apenas um conjunto de vibrações e um arranjo de diferentes tipos de energias. Também descobriram, por meio de meticulosas investigações, que os mundos mais sutis *(sūkshma lokas*), aos quais frequentemente se faz referência em nossa literatura religiosa, estão igualmente fundamentados em vibrações e energias de vários tipos. A investigação científica do fenômeno da transmissão do pensamento por sociedades de pesquisas psíquicas mostrou que os pensamentos também são, muito provavelmente, da natureza das vibrações, fato que por muito tempo tem sido bem conhecido e utilizado por ocultistas na comunicação uns com os outros, bem como de outras formas.

Investigações adicionais por meio destes métodos *yóguicos* revelaram que não apenas todos os mundos manifestados estão fundamentados em vibrações e vários tipos de energias, mas também que todas estas vibrações estão conectadas umas com as outras, e podem ser rastreadas desde um estado até outro ainda mais sutil, até que terminam em uma vibração primária, fundamental e todo-abarcante, a partir da qual todas as vibrações presentes no universo manifestado podem ser consideradas como sendo derivadas. A relação destas diferentes vibrações constituintes com a vibração fundamental não é muito diferente daquela das folhas e dos galhos de uma árvore com o seu tronco. Mesmo no reino da Ciência moderna estamos gradualmente percebendo que todas as Ciências estão conectadas umas com as outras e são, de fato, derivadas de uma Ciência fundamental que inclui e abarca a todas elas.

A Ciência não tem sido capaz de descobrir ou classificar todas as vibrações em operação, mesmo no plano físico, e talvez jamais seja capaz de fazê-lo, tendo em vista sua complexidade e sutileza. Portanto, não podemos ter a esperança de investigar completamente por meio de métodos convencionais as vibrações extremamente sutis e complexas, que operam em todos os planos – físicos e suprafísicos. Como, então, é possível saber que todas elas são derivadas de uma única fonte? Há somente um modo de se conhecer, plenamente e no verdadeiro sentido da palavra, qualquer coisa de uma natureza sutil, e este modo é transcendê-la em nossa consciência. Para conhecer o que é *māyā* precisamos transcender sua ilusão. Para conhecer o que é o *Karma* precisamos nos elevar acima de sua operação, tornando-nos sem *Karma.* Analogamente, a fim de conhecer a natureza desta vibração fundamental, a qual inclui todas as outras vibrações e que jaz na base do universo manifestado, é necessário transcender em nossa consciência, por meio de métodos *yóguicos,* o mundo criado por ela. Somente quando isso for feito é que o Adepto pode conhecer a natureza desta vibração fundamental que é chamada *Nāda*, bem como aquele aspecto da Realidade Última na qual e pela qual ela é produzida, isto é, *Shabda-Brahman.*

Outro fato que temos que compreender na teoria do Mantra *Yoga* é que a vibração encontra-se na base da forma, usando a palavra “forma” em seu mais amplo sentido. O universo manifestado está repleto de uma imensa variedade e de um infinito número de formas, as quais conhecemos por meio dos órgãos dos sentidos, físicos ou suprafísicos. Cada uma destas formas é produzida por meio de vibrações e pode ser mudada alterando-se as vibrações. Isto é particularmente verdadeiro no caso de formas que são naturais, tais como uma árvore, um corpo humano ou um Sistema Solar, as quais são produzidas de acordo com um padrão por forças da Natureza operando por detrás delas. As formas de uma natureza artificial produzidas pela interação ocasional de forças naturais ou através da ação humana pertencem a uma categoria diferente. Embora estas formas sejam mantidas pela interação de forças e vibrações, que ocorre entre seus átomos constituintes, não há uma vibração global além destas forças como no caso de organismos vivos.

O fato de que a vibração é capaz de produzir formas pode ser muito bem ilustrado esticando-se um arco contra a borda de uma lâmina sobre a qual se espalhou areia. A vibração produzida pelo arco põe as partículas de areia em violento movimento e quando estas partículas se assentam são formados lindos padrões, de acordo com a natureza da vibração. Estas são as chamadas Figuras de Chladni. Muitos experimentos realizados, tanto na Índia quanto na Europa, têm mostrado que as vibrações produzidas por instrumentos musicais são capazes de produzir formas em uma tela, a forma sendo dependente do tipo particular de música produzida. De fato, acredita-se que a representação por meio de diferentes formas bem definidas dos diferentes modos ou *rāgas* e *rāginis* da música indiana baseia-se na observação de tais formas por meio da visão clarividente. De qualquer modo, as investigações ocultas nas quais se baseia a Ciência dos mantras mostrou que por detrás de toda forma viva há uma determinada vibração, a qual mantém juntos os diferentes componentes da forma como um todo orgânico, e que quando esta vibração cessa, a forma se desintegra. O *Anāhata shabda* (som não entoado) ouvido pelos *sādhakas* de certas escolas de misticismo é um exemplo deste tipo de vibração. Estas vibrações não ocorrem necessariamente no plano físico. Elas podem ocorrer em diferentes planos, suas naturezas estando subordinadas à natureza da forma e da vida que anima a forma. A anatomia dos corpos suprafísicos é tão sutil e difícil de entender por meio de nossa consciência cerebral, que tudo o que podemos esperar é tão somente obter um vislumbre dos princípios gerais. Contudo, apesar de podermos não estar aptos para entender esses detalhes, não devemos cometer o erro de imaginar que esses veículos sutis funcionam de uma maneira aleatória. A Lei reina suprema em todas as esferas do universo manifestado e todo o fenômeno natural, em seus mínimos detalhes, é governado pela Lei, por mais que às vezes milagres pareçam acontecer. Os Adeptos do Ocultismo, que produzem os assim chamados milagres, apenas se utilizam de leis que nos são desconhecidas. Nem mesmo Eles estão acima da necessidade de trabalhar de acordo com as leis da Natureza.

Outro importante princípio que temos que entender com relação à teoria do Mantra *Yoga* é que a vibração não apenas está na base da forma, mas também é necessária para a manifestação da consciência. A maneira mais simples por meio da qual esta conexão entre vibração e consciência pode ser entendida é por meio de um estudo profundo do mecanismo da sensação, isto é, do modo como o mundo externo à nossa volta é percebido pela consciência interior através dos órgãos dos sentidos. É um fato de conhecimento científico que nos tornamos conscientes do mundo externo através de vibrações de diferentes tipos. As vibrações luminosas produzem sensações visuais, as vibrações sonoras produzem as sensações da audição e assim por diante. Se essas vibrações forem completamente interrompidas, a manifestação da consciência no plano físico cessará e retrocederá para o próximo veículo mais sutil, como ocorre no caso do sono, da anestesia ou do *Samādi* (o último estágio do *Yoga)*. Este é um assunto bastante complexo, envolvendo muitos ramos da

Ciência, tais como a Fisiologia, a Psicologia, a Física, etc. e não é possível nem necessário entrarmos aqui em maiores detalhes. O fato fundamental que temos que compreender e manter em nossa mente é que vibração, forma e consciência estão relacionadas umas com as outras de uma maneira muito íntima, e afetam umas às outras de todos os modos. Esta relação entre as três tem a sua origem no processo primário de manifestação a partir da Realidade e, portanto, é difícil de compreender por meio do sempre ilusório intelecto. Como já foi colocado, todo o universo manifestado é essencialmente o resultado de uma vibração que tudo inclui e tudo abrange chamada *Nāda.* Essa mais sutil das vibrações pode, por sua diferenciação e subdivisão, dar origem a uma infinita variedade de vibrações, as quais estão por detrás de todos os fenômenos da Natureza e produzem todos os tipos de formas. Essas formas, de vários graus de complexidade e construídas por longos processos de evolução, fornecem veículos para a consciência e a habilitam a funcionar nos diferentes planos, numa variedade infinita de maneiras e a afetar ou ser afetada pelos fenômenos desses planos. Assim sendo, todo o universo manifestado pode ser visto como uma interação dessas três realidades básicas da existência, as quais normalmente não podem ser separadas.

Com essas ideias fundamentais bem claras em nossa mente poderemos compreender, até certo ponto, a teoria do Mantra *Yoga.* Se a vibração está relacionada tanto com a forma quanto com a consciência, como referido nos parágrafos anteriores, deveria ser possível, por seu intermédio, de um lado, produzir diferentes tipos de fenômenos naturais e, de outro, efetuar mudanças na consciência. O Mantra *Shāstra* é a Ciência na qual os mantras são usados para produzir certos resultados específicos de uma natureza comum. Não apenas é possível desenvolver certos *siddhis,* ou poderes psíquicos, com o auxílio de mantras, como indicado nos *Yoga-Sūtras* (IV-1), mas também produzir fenômenos da mais trivial natureza. A literatura tântrica está repleta de tais mantras. Não há nada de espiritual em relação a essa Ciência. É apenas uma Ciência como outra qualquer, na qual os poderes ocultos, em certas combinações de sons, podem ser utilizados de diferentes modos, algumas vezes para propósitos egoístas e nefastos. Muitas práticas de magia negra baseiam-se no uso de certos mantras.

Por outro lado, o Mantra *Yoga* é aquele ramo do *Yoga* no qual os poderes ocultos em certas combinações de sons são utilizados para o desenvolvimento da consciência humana. *Japa,* que significa repetição física ou mental de mantras, produz vibrações em diferentes planos e essas vibrações afetam os veículos ou *koshas* do *sādhaka,* sendo que as mudanças produzidas nos veículos tornam possível ao *sādhaka* alcançar os níveis mais profundos de sua consciência. As vibrações lentamente rearranjam a matéria dos diferentes veículos e os harmonizam de tal modo que novos estados de consciência podem se manifestar através desses veículos.

É necessário lembrar que a Consciência Eterna do Supremo está em todo lugar, batendo o tempo todo contra as paredes de nossa mente e é apenas a não receptividade dos veículos, ou sua falta de sensibilidade, que os impede de trazê-La, pelo menos parcialmente, até os planos inferiores. Somos como aparelhos de rádio imersos num mar de ondas eletromagnéticas que emanam de estações de rádio em todo o mundo. Podemos captar qualquer conjunto de ondas com o qual possamos nos sintonizar. Mas os nossos rádios receptores geralmente são de muito baixa qualidade devido à falta de desenvolvimento e mesmo quando são de boa qualidade não estão devidamente ajustados. Assim, eles podem ser "sintonizados" somente aos pensamentos e estados de consciência comuns. Os estados mais sutis de consciência estão fora de seu alcance. O problema da *sādhana* é purificar e harmonizar todos os veículos de modo que eles possam ser sintonizados com os estados superiores de consciência com toda sua beleza, sabedoria, paz e bem-aventurança. O Mantra *Yoga* é um dos muitos métodos por meio dos quais isso pode ser realizado. Há também outros métodos dos quais não trataremos aqui.

Após considerarmos os fundamentos teóricos gerais do Mantra *Yoga,* podemos agora nos dedicar à questão específica da natureza dos mantras e de como eles são utilizados para o desenvolvimento dos níveis mais profundos da consciência humana. A palavra mantra possui muitas conotações. Mas aqui ela é usada para qualquer combinação particular de sons cuja repetição pode produzir certos resultados definidos. Não consideraremos aqui todos aqueles mantras que visam produzir resultados relacionados com objetivos mundanos, sejam eles bons ou maus, nos restringindo apenas àqueles mantras que têm objetivos puramente espirituais e, portanto, são usados na *sādhana.* Podemos dizer que o objetivo de todos os mantras deste tipo é, em resumo, purificar e harmonizar os veículos do *sādhaka,* de modo que eles se tornem cada vez mais sensitivos em relação aos níveis mais sutis de sua própria consciência espiritual. À medida que ele entra em contato com esses níveis, ele se torna cada vez mais consciente daquela Realidade da qual a sua própria consciência é uma expressão parcial.

Como são construídos os mantras? Qual é a sua natureza essencial? Uma vez que um mantra é essencialmente uma combinação de sons e os sons podem ser representados pelo alfabeto de uma língua, os mantras são construídos arranjando-se as letras do alfabeto em certas permutações e combinações, com necessárias indicações acerca da pronúncia correta e exata. Obviamente, isso só pode ser feito por uma pessoa que conheça as propriedades sutis dos diferentes sons, correspondentes às letras do alfabeto e especialmente as propriedades das diferentes permutações e combinações desses sons. Isso porque, as propriedades ou efeitos produzidos pelas combinações de letras não são a média aritmética das propriedades das letras isoladas, da mesma forma que as propriedades de um composto químico não são a média aritmética das propriedades dos átomos constituintes. Carbono, Hidrogênio e Nitrogênio são os componentes comuns à maioria dos compostos que faz parte de nossa dieta diária, mas a combinação específica desses três elementos que é conhecida como ácido cianídrico é um veneno mortal. Assim, ninguém pode prever o efeito produzido por uma determinada combinação de sons sem uma completa investigação e experimentação. E esses experimentos devem ser realizados não apenas no plano físico, mas também nos planos suprafísicos, de modo que o efeito total produzido nos veículos do *sādhaka* possa ser conhecido. Quanto mais profundos os efeitos de um mantra, tanto maior é o tempo que leva para eles aparecerem na vida do *sādhaka,* mas as mudanças são duradouras e de um caráter fundamental.

Podemos ver então, a partir do que foi dito acima, que tão somente os grandes Adeptos e Ocultistas podem construir mantras, uma vez que Eles possuem uma visão interna diante da qual os planos mais sutis de nosso Sistema Solar são como um livro aberto. Apenas aqueles que podem conhecer, em todos os planos, os efeitos produzidos pelos sons e suas combinações é que estão qualificados para construir mantras e transmiti-los para aqueles que não são capazes de perceber estes efeitos, mas que podem se beneficiar pelo uso destes mantras. Tais Adeptos são chamados *Rishis.* Aquele Adepto em particular que descobriu ou construiu um mantra, após a necessária investigação ou prática de austeridades religiosas (*tapasya*), é chamado o *Rishi* daquele determinado mantra.

Como já foi dito anteriormente, um mantra é uma determinada combinação de algumas letras do alfabeto sânscrito dispostas de uma certa maneira com a finalidade de produzir um resultado específico. Cada uma dessas letras, as quais representam um determinado som, possui um certo poder ou potência que lhe é inerente, da mesma forma que certas propriedades são inerentes a qualquer tipo de átomo químico. Esses poderes específicos associados com as letras, ou antes, com os sons que elas representam, têm sua origem no mais elevado plano do Sistema Solar e podem, portanto, operar em todos os planos que constituem o Sistema Solar. A bem conhecida doutrina de que as letras do alfabeto sânscrito emanam do *damaru* ou tambor de *Shiva* procura comunicar esta ideia. O *damaru* de *Shiva* é um símbolo do som *Nāda,* o qual jaz na base de todo o universo manifestado e a afirmação de que as letras dele emanam, na verdade, significa que os mais sutis poderes inerentes aos sons correspondentes têm suas origens naquele Grande Poder ou *Shakti,* o qual mantém os mundos em manifestação através da potência daquele som misterioso chamado *Nāda.* A partir disso não deveríamos ser levados a imaginar que o sânscrito é uma língua privilegiada e que tem algum lugar especial no esquema da Natureza. Nos sons produzidos pelas letras é que residem os sutis poderes específicos e não nos símbolos usados para eles. O alfabeto da língua sânscrita está sendo mencionado porque nossos *Rishis,* que desenvolveram esta Ciência, trabalharam e fizeram experiências com o alfabeto desta língua.

Uma vez que há cinquenta e duas letras no alfabeto sânscrito e que essas letras podem ser arranjadas de todas as maneiras, deveria ser possível produzir uma variedade quase infinita de efeitos através da utilização de mantras. Qualquer um que conheça os poderes inerentes aos sons produzidos por essas letras tem à sua disposição, deste modo, um tremendo poder. Contudo, uma vez que os efeitos produzidos por uma determinada permutação e combinação de letras não são a soma dos efeitos produzidos pelas letras individuais, esta Ciência não é tão fácil quanto aparenta ser, e a produção de um efeito predeterminado requer profundo conhecimento dos planos sutis e uma cuidadosa experimentação. Esse é um assunto muito complicado e difícil de entender, especialmente porque o conhecimento puro misturou-se com muitas práticas indesejáveis e perigosas e também com charlatanice. Nosso objetivo aqui é apenas compreender os princípios fundamentais subjacentes a fim de que sejamos capazes de entender a técnica da *japa.*

Chegamos agora à questão do uso de mantras na *sādhana*. Esse é um tema difícil envolvendo a técnica do *Yoga* e que não poderemos tratar aqui de forma completa, mas uma vez que a *upāsanā* de *Gāyatrī*, em sua maior parte, diz respeito à *japa* do mantra *Gāyatrī*, trataremos a seguir, resumidamente, dos princípios básicos da *japa*.

Japa é a repetição de um mantra escolhido com o objetivo de realizar certas mudanças em nossa mente, as quais a longo prazo resultam em um afluxo de forças e poderes dos planos superiores e em experiências de estados superiores de consciência. O mantra pode ser entoado em voz alta, murmurado silenciosamente ou repetido mentalmente. A repetição silenciosa é mais efetiva que em voz alta, mas a repetição puramente mental tem o efeito mais elevado e é *japa* no verdadeiro sentido da palavra. Os sons físicos pronunciados em voz alta agem no corpo físico, aqueles pronunciados silenciosamente atuam no duplo-etérico ou *prānamaya kosha*. A repetição mental do mantra com o seu significado naturalmente atua na mente. É fácil entender a *japa* em voz alta e a *japa* silenciosa, mas as pessoas acham difícil entender o que a *japa* mental ou *manāsica* significa.

A *japa* mental tem muitos estágios. Ela começa com a repetição mental do mantra, a mente estando consciente apenas dos sons produzidos. No segundo estágio, o significado de cada palavra é evocado na mente junto com o som da palavra. No terceiro estágio, a ideia completa subjacente ao mantra toma o lugar dos significados das palavras separadas. A ideia global é algo diferente da sequência de significados evocados pelas sucessivas palavras. Isso será compreendido se for feito um esforço para separar completamente a ideia global das palavras, e transcender as limitações da língua. No começo, a ideia global subjacente ao mantra aparece frequentemente com a repetição mental do mantra, mas com a prática e concentração mental a ideia torna-se mais ou menos fixa na mente e está constantemente presente. Neste estágio, o mantra está sendo repetido mentalmente, mas as palavras ficam muito no pano de fundo da mente e servem ao mesmo tipo de propósito que um *tānpurā* na apresentação vocal de uma canção. Esse é o estágio até onde o *sādhaka* comum pode ir ao praticar *japa*, e se ele preencher as outras condições referidas mais adiante poderá obter consideráveis benefícios e se aproximar bastante do seu objetivo. Mas, se ele estiver determinado a alcançar seu objetivo tão somente com o auxílio do Mantra *Yoga,* então, algo mais se faz necessário e isto consiste em transcender a ideia que existe no plano mental e entrar em contato com a realidade por detrás do mantra, a qual está além do domínio do intelecto. Aqui ele entra na esfera do *Yoga.*

Este processo de transcender ou ir além da mente está indicado nos *Yoga-Sūtras* de *Patañjali* em I-42 e I-43.

तत्र शब्दार्थज्ञानविकल्पैः संकीर्णा सवितर्का ।

tatra shabdārtha-jñāna-vikalpaih samkī rnā savitarkā

"O *Sāmadhi Savitarkā* é aquele no qual o conhecimento baseia-se apenas em palavras; o conhecimento real e o conhecimento comum, que se baseiam nas percepções sensoriais ou no raciocínio, estão presentes de uma forma mesclada e a mente se alterna entre eles".

स्मृतिपरिशुद्धौ स्वरूपशून्येवार्थमात्रनिर्भासा निर्वितर्का ।

Smrti-parishuddhau svarūpashūnyevārtha-mātranirbhāsā nirvitarkā

"O *Samādhi Nirvitarkā* é alcançado com a clarificação da memória, quando a mente perde, por assim dizer, sua natureza essencial (subjetividade) e apenas se irradia (através da mente) o conhecimento real do objeto".[1]

Não é possível entrar nos detalhes desta questão, que diz respeito ao estágio inicial do *Samādhi*, mas uma ideia geral do processo pode ser apresentada resumidamente. Há três coisas envolvidas na *japa* mental. A primeira trata-se das palavras do mantra e seus significados. A segunda é a ideia global, a qual é independente das palavras ou seus significados. A terceira é a realidade que é objeto da *japa*. Quando as palavras e seus significados (chamados *shabda* em I-42) passam completamente para o pano de fundo e apenas a ideia global ocupa o campo da consciência, o estágio referido no último parágrafo é alcançado. Quando não apenas as palavras e seus significados desaparecem da consciência, mas a consciência do *sādhaka* funde-se de tal modo com a ideia global que ele não permanece consciente de si mesmo, o estágio referido em I-43 é alcançado. Neste estágio a realidade que é o objetivo do mantra desponta na consciência e o estágio final é alcançado. Isto é o que é chamado de *Mantra-Siddhi.*

Embora seja impossível comunicar estas coisas por intermédio de palavras, o processo pode ser imperfeitamente ilustrado ao considerarmos o bem conhecido mantra *Om Namah Shivāya (Om,* Saudação a *Shiva).* Um *sādhaka* pode repetir este mantra mentalmente sem prestar atenção aos significados das palavras, ou ele pode estar cônscio do significado de cada palavra separada enquanto a repete em sua *japa* mental. Ou então ele pode tentar evocar em sua

---

[1] Talvez a compreensão do *sūtra* I-43 dado acima fique um pouco mais fácil com o auxílio de uma tradução livre do mesmo: "O *Samādhi Nirvitarka* é alcançado quando ocorre a purificação da *vritti* (espécie de modificação da mente) denominada de "memória", o que se dá quando a mente perde, por assim dizer, a sua natureza essencial (subjetividade) e apenas se distingue (através da mente) o conhecimento real do objeto". (N. T.)

mente a atitude de completa autoentrega ao Senhor que a totalidade do mantra representa. Quando ele puder fazer isto e for capaz de separar, pelo menos em certa medida, esta ideia global das palavras e seus significados, ele estará em condições de dar o último passo. Isto é, em primeiro lugar, eliminar completamente de sua mente as palavras e seus significados, e, então, a consciência do "eu". Quando ele estiver apto a fazer isso com sucesso, e a mente inferior estiver, por assim dizer, aniquilada, permanece na mente apenas o estado (*bhāva*) de completa autoentrega, e completa autoentrega significa apercebimento Dele a quem a mente se entregou. Isto pode tomar a forma de uma *darshana* (visão), ou ser apenas um apercebimento direto em diferentes graus daquela Realidade a que nos referimos como *Shiva,* dependendo do temperamento e do acúmulo de experiências anteriores (*samskāras*), bem como do estágio de evolução do *sādhaka.*

Podemos perceber, desta maneira, que nos estágios mais elevados do Mantra *Yoga, japa* no sentido comum cessa, e o *sādhaka* passa para algum tipo de *Samādhi.* A *japa* em seu sentido comum somente é usada nos primeiros estágios do caminho do Mantra *Yoga.* No estágio final ela se funde com o *Rāja Yoga.* Isso fica claro em II-44 e II-45 dos *Yoga-Sūtras.* Cabe lembrar que o significado ortodoxo de *svādhyāya* é o de *japa,* e que *Īshvara pranidhāna* significa autoentrega à sua Divindade escolhida.

Perceberemos também a relação destes quatro estágios de *japa* com os quatro tipos de *Vāk* (Palavra). Os quatro tipos de *Vāk* são: *vaikharī, madhyamā, pashyantī* e *parā.* O primeiro é o inferior, ou menos sutil, aquele que usamos na conversação comum. O último é o mais elevado, conectado com o estado supramental da consciência e está além da imaginação humana.

O ponto mais importante a ser lembrado pelo iniciante em relação à *japa* é que ela não é uma mera repetição mecânica de uma fórmula ou nome. Ela significa a polarização de todos os poderes do indivíduo em direção a um fim definido e para a realização de um objetivo determinado. Devido ao fato do poder de cada letra num mantra ser derivado em última análise do plano mais elevado, ele pode afetar todos os planos, do físico até o *Átmico*. Mas isso só pode acontecer se todos os veículos fizerem parte de uma ação conjunta. As emoções, os pensamentos, as aspirações e a vontade espiritual, todos devem funcionar, devem pressionar na mesma direção, se se pretende que o resultado desejado seja realmente alcançado. A reação segue à ação e é igual a ela, e é o *sādhaka* que deve começar a agir em qualquer plano, se quiser obter a reação correspondente por parte do poder Divino oculto no mantra. Se ele canalizar suas emoções em direção ao seu *Ishta Devatā* (Divindade escolhida), a devoção ou *bhakti* gradualmente brotará dentro de seu coração. Se ele tentar compreender a natureza de seu *Ishta Devatā*, o discernimento espiritual (*viveka*) despontará em sua mente. Se ele sentir um intenso desejo pelo seu Bem-amado, ele se aproximará Dele. Se ele intensificar sua autoentrega somente então a compaixão (*kripā)* descerá sobre ele. Aquele que nada faz nada alcança, não apenas no mundo físico, mas também no mundo espiritual.

Muitos *pseudossādhus* (homens religiosos) e *samnyāsis* (aqueles que renunciaram à vida mundana) estão ensinando a filosofia da completa autoentrega para pessoas que ainda não aprenderam o A B C da *sādhanā*. O resultado inevitável desta pretensiosa e ilusória doutrina é converter o devoto comum num indivíduo passivo e anulado, carente de energia, iniciativa e entusiasmo, num objeto próprio para a exploração por parte daqueles que geralmente são, eles mesmos, homens de grande iniciativa e energia, e raramente pródigos no que diz respeito a qualquer devoção real ou a uma completa autoentrega a Deus. A absoluta autoentrega e a renúncia completa têm o seu lugar no desenvolvimento da alma, mas essas coisas vêm no estágio final, quando a alma já rompeu seus grilhões mais comuns e está pronta para dar o mergulho final no Vazio do Desconhecido. Aconselhar pessoas comuns ou mesmo *sādhakas* a renunciar aos *purushārthas* (objetivos humanos) e a depender de Deus para tudo é como pedir para praticar *Samādhi* a uma pessoa que não é capaz de concentrar sua mente por cinco minutos. É necessário que o *sādhaka* compreenda desde o início que nada na Natureza pode ser obtido sem esforço, que nada pode ser alcançado repentinamente e que qualquer tipo de realização bem-sucedida de algo que valha a pena é precedida por um esforço longo, persistente e inteligentemente direcionado.

A partir do que foi exposto acima, perceberemos que o sucesso na *japa* somente é possível quando todos os poderes e faculdades do *sādhaka* estão concentrados e polarizados na direção de seu objetivo. Uma simples repetição mecânica de sons no plano físico ou uma repetição descuidada de pensamentos no plano mental não podem nos levar muito longe, embora isso deva produzir algum efeito e criar *samskāras* favoráveis de acordo com o grau de concentração e devoção. É um esforço combinado, ou total, como se costuma dizer hoje em dia, o que é necessário para que se tenha sucesso no Mantra *Yoga,* assim como nos outros tipos de *Yoga.* Esta é a razão porque um mantra somente pode ser usado de forma bem-sucedida por um *sādhaka* que seja absolutamente sério com relação ao seu objetivo e combine a *japa* com a *sādhanā.* É verdade que este tipo de atitude não pode se desenvolver subitamente. Ela se desenvolve lentamente com a prática séria e prolongada da *japa,* bem como de outros elementos de autodisciplina que devem acompanhá-la. Se examinarmos as vidas de santos e sábios que usaram a *japa* para a realização de seus objetivos, compreenderemos o tremendo esforço que é necessário a fim de levar uma tarefa deste tipo a uma conclusão bem-sucedida. *Samartha Rāma Dās,* o instrutor de *Shivaji,* bem como *Tyāgarāja,* o famoso músico-santo do sul da Índia, são notáveis exemplos de obtenção da Autorrealização através do Mantra *Yoga.* Eles não são figuras da mitologia, mas personagens históricos, cujas vidas têm sido preservadas com registros dos mínimos detalhes. Conta-se que o primeiro praticou *japa* por doze anos no *Godāvarī*, de pé, de 6 a 12 horas diárias. E que o segundo dedicou cerca de 16 horas diárias à *japa* por um período de aproximadamente vinte anos.

Nem todo o *sādhaka* tem a dedicação ou a capacidade para realizar uma busca tão concentrada do seu objetivo de vida. Nem tampouco é necessário ter-se um tamanho grau de dedicação antes de se iniciar a prática da *japa*. A vida espiritual não é construída no curto espaço de uma vida. Não obstante, o ponto que temos que compreender é que mais cedo ou mais tarde ela terá que ser construída e que, se desejamos nos libertar dos sofrimentos de uma vida imersa nas ilusões e limitações de *samsāra* (o ciclo de nascimentos e mortes), o quanto antes isso for feito melhor. E ela somente pode ser construída por meio de um esforço árduo, persistente e inteligente, seja lá do tipo que for, envolvendo a totalidade do nosso ser. Um esforço limitado, por um período de tempo limitado, baseado na parafernália de meras cerimônias (as quais são chamadas de *anushthāna),* poderá ser adequado para objetivos limitados, mas pouco significa para aquele processo ilimitado e imprevisível que está envolvido na Autorrealização. O aspecto importante é dar um início e continuar em direção ao nosso objetivo, com toda a seriedade que formos capazes, sem permitir que o processo se degenere numa rotina. No momento em que a *japa* e os processos que lhe apoiam se transformam numa questão de rotina, sua eficácia é em grande medida reduzida. Ela não é nula porque há certas forças e poderes inerentes aos próprios sons, os quais devem afetar os nossos veículos. Esses lentamente constroem *samskāras* favoráveis e preparam o *sādhaka* para um verdadeiro esforço mais tarde. Mas, neste caso, o processo se torna extraordinariamente lento e dificilmente mostrará quaisquer resultados definidos no âmbito da vida e da mente do *sādhaka,* o que ele talvez esperasse ou desejasse.

CAPÍTULO IV

O MANTRA *GĀYATRĪ*

Mahā Vyāhritis

ओं भूः । ओं भुवः । ओं सुवः । ओं महः ।
ओं जनः । ओं तपः । ओं सत्यम्

Om bhūh. Om bhuvah. Om suvah.
Om mahah. Om janah. Om tapah. Om satyam

Om é *bhūh,* etc., isto é, as sete esferas (ou planos) da existência.

O Mantra *Gāyatrī*

तत् सवितुर्वरेण्यं भर्गो देवस्य धीमहि
धियो यो नः प्रचोदयात्

tat savitur varenyam bhargo devasya
dhīmahi dhiyo yo nah prachodayāt

"Meditamos sobre a Luz Divina do adorável Sol da Consciência espiritual que estimula nosso poder de percepção espiritual".

Gāyatrī Shirah

ओमापो ज्योती रसोऽमृतं ब्रह्म भूर्भुवः सुवरोम्

Om āpo jyotī raso' mrtam brahma
bhūr bhuvah suvar Om

"Om são as Águas, a Luz, a Essência, o Eterno, a Realidade; os mundos físico, intermediário e celeste são *Om."*

A teoria do Mantra *Yoga,* tratada no capítulo anterior, preparou o terreno para a compreensão do real significado do mantra *Gāyatrī* que será considerado neste capítulo. Esse mantra foi traduzido de muitas maneiras e um exame destas diferentes traduções mostra quão divergentes são os pontos de vista sustentados por diferentes estudiosos com relação ao seu significado. Alguns destes significados atribuídos ao mantra estão obviamente errados, sendo o resultado de uma avaliação muito descuidada ou superficial do mantra, sem qualquer consideração para com a perspectiva oculta e da tradição, à luz da qual ele deveria ser examinado. Mas deixando de lado tais interpretações, ainda resta um certo número de outras interpretações, as quais diferem entre si por causa dos diferentes significados que podem ser atribuídos às palavras que constituem o mantra. O sânscrito em alguns aspectos é uma língua maravilhosa e uma das razões de sua riqueza e expressividade reside no fato de que uma mesma palavra pode ser usada para transmitir vários significados afins. Mas este mesmo fato torna possível que frases e mantras sejam interpretados de muitas maneiras diferentes, deste modo causando confusão na mente do estudante. Obviamente, o valor de uma interpretação depende do quanto ela corresponde aos fatos, mas uma vez que para o estudante comum não existe nenhum caminho aberto para o conhecimento destas coisas relacionadas com fatos dos mundos invisíveis e intangíveis, ele tem que depender da sua intuição ou *Buddhi.* A razão pode ajudá-lo, a tradição pode guiá-lo, mas aquilo que sua intuição interna lhe diz é que, em última instância, será aceito por ele. Naturalmente, no caso da grande maioria das pessoas os preconceitos, as noções preconcebidas e as ideias fixas baseadas nisto ou naquilo podem se disfarçar como a voz da intuição, mas não há outro modo de superar esta dificuldade a não ser entrar no caminho da *sādhanā* e gradualmente ir purificando a mente. À medida que a mente se purificar e começar a ser iluminada diretamente pela luz de *Buddhi,* as verdades da vida superior começarão a se revelar desde o interior e então não haverá nenhuma possibilidade de erro ou dúvida.

Do mesmo modo, não é possível chegar-se ao correto significado dos mantras por meio de uma interpretação estritamente de acordo com as regras da gramática, porque mesmo de acordo com altas autoridades como *Pānini* e *Patañjali* a interpretação deve ser baseada, em última análise, no contexto e não nas formas gramaticais das palavras usadas. Não podemos ignorar a gramática ao interpretar textos sânscritos, mas este é apenas um dos fatores a serem considerados.

Antes de passarmos a uma consideração detalhada do significado do mantra *Gāyatrī,* é necessário salientarmos alguns pontos de interesse geral. A primeira coisa a notar é que o mantra védico com o qual a maioria das pessoas está familiarizada é apenas um de uma classe de mantras dedicados a praticamente todas as divindades importantes, conforme poderemos perceber a partir de uns poucos mantras representativos desta classe dados a seguir.

Vishnu Gāyatrī

नारायणाय विद्महे वासुदेवाय धीमहि तन्नो विष्णु: प्रचोदयात् ।

nārāyanāya vidmahe vāsudevāya dhīmahi
tanno visnuh prachodayāt.

"Conhecemos *Nārāyana;* meditamos em *Vāsudeva;* possa *Vishnu* inspirar nosso (conhecimento e meditacão)".

Shiva Gāyatrī

तत्पुरुषाय विद्महे महादेवाय धीमहि तन्नो रुद्र: प्रचोदयात् ।

tatpurushāya vidmahe mahādevāya dhīmahi
tanno rudrah prachodayāt.

"Conhecemos aquele Espírito (*Purusha*); meditamos em *Mahādeva;* possa *Rudra* inspirar nosso (conhecimento e meditação)".

Dakshināmurti Gāyatrī

दक्षिणामूर्तये विद्महे ध्यानस्थाय धीमहि तन्नो धीश: प्रचोदयात् ।

dakshnāmūrtaye vidmahe dhyānasthāya dhīmahi
tanno dhīsah prachodayāt.

"*Conhecemos Dakshnāmūrti* (forma benevolente de *Rudra);* meditamos Nele que está absorto em meditação; possa o Senhor dos pensamentos (*dhīshah)* inspirar nosso (conhecimento e meditação)".

Durgā Gāyatrī

महादेव्यै च विद्महे दुर्गादेव्यै च धीमहि तन्नो देवी प्रचोदयात् ।

mahādevyai ca vidmahe durgādevyai ca
dhīmahi tanno devī prachodayāt.

"Conhecemos a grande Deusa; meditamos em *Durgā,* possa a Deusa inspirar nosso (conhecimento e meditação)".

Esses *Gāyatrīs* parecem ser adaptações do mantra *Gāyatrī* original às necessidades dos devotos que adoram a Divindade sob diferentes formas. Podemos ver que a estrutura geral de todos esses *Gāyatrīs* de diferentes Divindades é a mesma, sendo os diferentes nomes das Divindades substituídos no mesmo lugar dentro do mantra. As palavras *dhīmahi, vidmahe* e *prachodayāt* são comuns a todos estes *Gāyatrīs* e, portanto, é natural deduzir-se que estas são as palavras nas quais o significado essencial do mantra *Gāyatrī* está contido. O *Gāyatrī* original, que geralmente é o mais conhecido das pessoas, é mais elaborado e mais rico, mas a ideia geral por detrás deste mantra também é praticamente a mesma que a dos outros *Gāyatrīs.* A principal diferença é que no *Gāyatrī* original é *Savitā* ou *Sūrya Nārāyana* que é a Divindade do mantra, enquanto que nos outros *Gāyatrīs* outras Divindades como *Shiva* ou *Vishnu* são invocadas.

Outro tipo de substituto do bem conhecido *Gāyatrī* são os dois *Gāyatrīs* nas métricas *trishtup* e *jagatī* que foram designados para os *Kshattriyas* (casta dos guerreiros) e *Vaishyas* (casta dos mercadores) respectivamente, embora eles também possam usar o *Gāyatrī* na métrica *gāyatrī*. Estes dois *Gāyatrīs* são dados abaixo:

(1) (para *Kshattriyas*)

ॐ देवस्य सवितुर्मतिमासवं विश्वदेव्यम् ।
धिया भगं मनामहे ॥

Om devasya savitur matimāsavam vishvadevyam
dhiyā bhagam manāmahe

"Apropriadamente, oramos pela sabedoria do divino *Savitā,* a qual é a causa de toda a prosperidade e que, para todos os deuses, é benéfica".

(2) (para *Vaishyas*)

ॐ विश्वा रूपाणि प्रतिमुञ्चते कविः
प्रासावीद् भद्रं द्विपदे चतुष्पदे ।
विनाकमख्यत् सविता वरेण्यो-
ऽनुप्रयाणमुषसो विराजति ॥

Om visvā rūpāni pratimuñcate ravih
prāsāvīd bhadram dvipade catushpade
vinākam akhyat savitā varenyo
'nuprayānam usaso virājati.

"O Sábio (ou Poeta) se adorna por meio de todas as formas; Ele traz benefícios para bípedes e quadrúpedes; o excelso *Savitar* observa da abóboda celeste e brilha depois que *ushas* (a aurora) se despede".

Como é bem conhecido, de acordo com as visões ortodoxas, os *shūdras* (classe trabalhadora) e as mulheres não estão autorizados a recitar o *Gāyatrī* védico e esta é talvez a razão pela qual os outros *Gāyatrīs* foram propagados. Aqui limitaremos o nosso estudo ao bem conhecido mantra *Gāyatrī,* na métrica *gāyatrī.*

O segundo ponto a ser observado é que o mantra *Gāyatrī* não é exclusivamente um mantra. É um mantra e uma oração combinados. Um mantra simples depende para a sua eficácia do *mantra shakti,* ou poder inerente ao som. Ele tanto pode ter, quanto pode não ter qualquer significado. Muitos mantras importantes não fazem qualquer sentido e parecem sons inarticulados. Por outro lado, o mantra *Gāyatrī* também tem em si o tremendo poder da oração, como indicado pela descrição *gāyantam trāyate iti Gāyatrī* (aquele que salva o que recita). Ele incorpora na forma de um mantra a mais alta aspiração espiritual que uma alma humana é capaz. Quando o poder mântrico é, deste modo, combinado com o poder da oração, obtém-se um instrumento muito mais efetivo para o desenvolvimento de nossas potencialidades espirituais. Na Índia, tendemos a subestimar o poder da oração para o desenvolvimento da vida espiritual. Parece que não levamos em conta o fato de que muitas escolas de misticismo e disciplina religiosa dependem quase que inteiramente do poder da oração para a realização de suas aspirações religiosas. O santo cristão ou o santo sufi podem elevar-se a grandes alturas de iluminação espiritual dependendo inteiramente do poder da oração. A oração, quando vem do âmago do nosso ser, e é guiada por motivos inegoístas e por uma intensa aspiração, é um tremendo poder. Ela é um chamado da Mônada individual (*Jīvātmā*) ao Espírito

Supremo (*Paramātmā*), que é a própria fonte do seu ser e do poder espiritual e deve, portanto, ser escutada e respondida.

Quando no *Gāyatrī* o poder de um mantra é combinado com o poder da oração, obtemos um mantra que não é apenas mais efetivo, mas também é mais atraente. O elemento emocional no homem pode expressar-se livremente e isso tende a neutralizar o efeito bastante desencorajador de uma simples e árida repetição mecânica, com a qual o *sādhaka* começa sua *japa*. Há um maravilhoso efeito estimulador nesta aproximação direta e pessoal ao Divino, quando a alma extravasa seus sentimentos mais sinceros e profundos ante Deus. Esta também é a razão porque uma estrita observância às normas cerimoniais requeridas no uso de outros mantras não é necessária na *japa* do *Gāyatrī*. O estado de devoção (*bhakti bhāva)* pode suprir qualquer deficiência no procedimento cerimonial. Quanto mais impessoal e inegoísta o objetivo de um mantra, menos ele está sujeito aos entraves das instruções e restrições convencionais e da tradição.

Examinando a estrutura e o significado do mantra, a primeira coisa que nos chama a atenção é que o mantra pode ser claramente dividido em três partes bem definidas, cada uma tendo um propósito e um significado específico. A primeira parte do mantra consiste do *Pranava* e dos *Mahā Vyāhritis* (*Om bhūh, Om bhuvah, Om suvah,* etc. As palavras *bhūh,* etc., referindo-se ao plano físico e aos outros planos, são os *Vyāhritis*). A segunda parte consiste da frase *Tat Savitur Varenyam Bhargo Devasya Dhīmahi,* e a terceira parte consiste da última sentença *Dhiyo Yo Nah Prachodayāt.*

Qual é a função ou propósito específico destas três partes do mantra *Gāyatrī*? Em poucas palavras, o propósito da primeira parte é estimular nos veículos do *sādhaka* certos poderes que preparam o terreno para o funcionamento efetivo da segunda e terceira partes. Estes poderes são ativados pelo poder do som ou *Vāk,* o qual harmoniza os veículos e os sintoniza com as forças dos planos superiores tornando, deste modo, possível que estados superiores de consciência se manifestem através deles. A segunda parte objetiva estimular na mente do *sādhaka* uma intensa aspiração ou determinação de entrar em contato com a Consciência de *Savitā,* a Divindade que preside o nosso Sistema Solar. Sua consciência já é uma parte daquela Consciência Universal; porém, devido ao seu envolvimento nas limitações e atrações dos mundos inferiores, ele perdeu seu apercebimento deste fato que é a unidade dos dois. Ele parte para recuperar o apercebimento direto desta unidade e, com este propósito em vista, intensifica sua aspiração para ser livre ou *mumukshutva.* Pois, é tão somente na medida em que esta aspiração é intensificada que a fusão do *Jīvātmā* com *Paramātmā* pode progressivamente ser realizada. A terceira parte objetiva criar uma atitude de autoentrega (*ātma-samarpana*), a qual é essencial para o descenso da graça Divina (*kripā*). Após uma intensa aspiração, na qual a consciência desempenha um papel ativo, o *sādhaka* se entrega à compaixão do Grande Senhor e torna-se passivo e aberto às forças que são estimuladas pela aspiração. É somente sob estas condições que estas forças podem fluir livremente para dentro dos seus veículos, preparando sua mente para a iluminação espiritual.

Os três processos referidos no parágrafo anterior podem ser melhor ilustrados pelos três processos bem definidos envolvidos em se atingir um alvo com um arco e flecha. Quando o arqueiro tem que atingir um alvo com uma flecha, ele pega o arco, o verga e coloca a corda. Este é o primeiro passo, o qual prepara o terreno para o uso efetivo do arco. Ele então ajeita a flecha na corda e a estica ao máximo, a fim de nela colocar uma energia potencial adicional. Deve-se notar que é ele quem põe a energia em ambos os processos. Ela não vem automaticamente do nada. O esticar da corda ao seu limite máximo completa o segundo processo. Então ele solta a flecha, através do que a energia armazenada na corda é transferida para a flecha que voa para o seu alvo. Este é o terceiro passo, que corresponde à atitude de autoentrega implícita na terceira parte do mantra *Gāyatrī.*

Vemos que este terceiro processo difere fundamentalmente do primeiro e do segundo porque ele não implica em esforço algum, mas antes numa completa ausência de esforço ou num abandono.

Examinemos agora detalhadamente cada uma destas três partes do mantra *Gāyatrī,* de modo que possamos ser capazes de entender, até certo ponto, seus significados espirituais subjacentes. Não nos esqueçamos que estamos estudando o assunto do ponto de vista do *sādhaka* e não daquele de um estudioso acadêmico. Estes dois são muito diferentes. Um está interessado na vida, o outro principalmente na forma. E assim, enquanto o *sādhaka* está ansioso por entender, sobretudo, o significado interno daquilo que ele estuda, especialmente em relação ao objetivo que ele está determinado a alcançar, o letrado se deleita em considerar sutilezas filológicas, bem como outros aspectos ligados com o lado forma do problema. Um tenta ver a beleza e o movimento do pássaro em seu voo, o outro a anatomia do pássaro morto na mesa de dissecação.

A primeira parte do mantra *Gāyatrī,* como colocado anteriormente, é o *Pranava* e os *Mahā Vyāhritis.* O objetivo destes, como já foi dito, é despertar os poderes espirituais que estão latentes no coração de todo ser humano e que podem ser transformados do estado potencial para o estado ativo por meio do poder inerente no som. Cada *Jīvātmā* é um microcosmo que contém dentro de si, num estado potencial, todos os poderes e faculdades que funcionam ativamente e em sua plenitude em *Paramātmā* (o macrocosmo), do mesmo modo que uma semente contém dentro de si, potencialmente, a árvore. Não apenas todos os poderes e faculdades funcionando no *Paramātmā* podem, gradualmente, encontrar expressão através da evolução do *Jīvātmā,* mas à medida que estes poderes progressivamente aparecem, a consciência que está se manifestando através do *Jīvātmā* se expande e se torna cada vez mais una com a Consciência do *Paramātmā.*

Pranava, o peculiar som semelhante a um zumbido, representado pela bem conhecida sílaba *OM* (A-U-M), a qual em sânscrito é designada por uma única letra, pode acelerar este processo por meio do mantra *shakti* que é inerente a esta combinação particular de sons. Este não é um mantra comum, com objetivo e alcance limitados. Seu poder é o mais fundamental e abarcante dentre todos os mantras. Ele afeta o próprio coração do *Jīvātmā* e a mais importante e fundamental relação existente na Natureza, isto é, a relação entre o *Jīvatmā* e *Paramātmā.* Ele é a expressão verbal (*vāchaka*) de *Īshvara,* como indicado no bem conhecido *sūtra*: *tasya vāchakah Pranavah* (*Yoga-Sūtras* I-27). Uma expressão verbal de uma Divindade é uma combinação de sons que tem o misterioso poder de despertar no *sādhaka* os poderes da Divindade, por meio da constante repetição mental e meditação. A palavra *vāchaka,* conforme utilizada no Mantra *Yoga,* não é um nome ou indicador comum, mas um tipo especial de indicador que tem o poder de remover gradualmente os véus mentais que separam o *sādhaka* de seu *Ishta Devatā* ou Divindade escolhida e produzir a fusão de suas consciências por meio da *japa.* E uma vez que *Pranava* é a expressão ou *vāchaka* de *Īshvara,* os poderes que podem ser despertados no *sādhaka* e a expansão de sua consciência que pode deste modo ocorrer são praticamente ilimitados.

Toda a literatura religiosa hindu está repleta de referências ao *Pranava* e sua importância para o desenvolvimento da consciência espiritual. De fato, praticamente todo o *Māndūkyopanishad* é um comentário sobre a natureza do *Pranava.* Algumas destas referências são difíceis de entender sem um profundo conhecimento das concepções básicas da religião e da filosofia hindu, mas os poucos exemplos de mantras dos vários Upanishades, que são apresentados a seguir, mostrarão a grande importância atribuída por nossos sábios ao *Pranava* como um meio de Autorrealização.

सर्वे वेदा यत् पदमामनन्ति
तपांसि सर्वाणि च यद् वदन्ति ।
यदिच्छन्तो ब्रह्मचर्यं चरन्ति
तत्ते पदं संग्रहेण ब्रवीमि ।। ओमित्येतत

sarve vedā yat padam āmananti
tapāmsi sarvāni ca yad vadanti.
yad icchanto brahmancaryam caranti
tatte padam samgrahena bravīmi
Om ity etat.

"A Palavra da qual falam todos os Vedas, a qual todos os atos de austeridade proclamam e pela qual todos os *sādhakas* observam *brahmacharya,* esta palavra vos direi sucintamente: ela é *OM.*"

(Kathopanishad, I-2-15)

एतद्ध्येवाक्षरं ब्रह्म एतद्ध्येवाक्षरं परम् ।
एतद्ध्येवाक्षरं ज्ञात्वा यो यदिच्छति तस्य तत् ।।

etaddhyevāksharam brahma etaddhyevāksharam
param etaddhyevāksharam jñātvā yo yad icchati
tasya tat.

"Esta Palavra é *Brahman*, esta Palavra também é *Parabrahman*, todo aquele que conhece este Som (a Realidade nele oculta) alcança Àquele que ele quiser (seja Um ou o Outro)".

(*Kathopanishad*, I-2-16)

एतदालम्बनं श्रेष्ठमेतदालम्बनं परम् ।
एतदालम्बनं ज्ञात्वा ब्रह्मलोके महीयते ॥

etad ālambanam srestham etad ālambanam
param etad ālambanam jñātvā brahmaloke mahiyate.

"Este meio é o melhor, este meio é supremo. Quem quer que o conheça é adorado em *Brahmaloka*".

(*Kathopanishad,* I-2-17)

धनुर्गृहीत्वौपनिषदं महास्त्रं
शरं ह्युपासानिशितं संदधीत ।
आयम्य तद् भावगतेन चेतसा
लक्ष्यं तदेवाक्षरं सोम्य विद्धि ॥

dhanur grhītvaupanishadam mahāstram
saram hy upāsānishitam samdadhīta
āyamsya tad bhāvagatena cetasā
laksyam tadevāksharam somya viddhi.

"Tomando como seu arco a arma descrita nos Upanishades (que o *sādhaka*) coloque (nele) a flecha afiada pela devoção e, tendo-o esticado ao máximo, a dispare com a mente fixa em *Brahman.* Saiba, Oh amado, que o Indestrutível (*Brahman*) é o alvo".

(*Mundakopanishad,* II-2-3)

प्रणवो धनुः शरो ह्यात्मा ब्रह्म तल्लक्ष्यमुच्यते ।
अप्रमत्तेन वेद्धव्यं शरवत्तन्मयो भवेत् ।।

pranavo dhanuh sharo hy ātmā brahma
tallakshyam ucyate
apramattena veddhavyam sharavat tawnayo bhavet.

"Diz-se que a Palavra Sagrada (*Om*) é o arco, que a flecha é a alma e que *Brahman* é o seu alvo; Ele será alcançado por aquele cuja atenção não se desvia. Então ele se tornará uno com Ele, assim como a flecha (torna-se una com o alvo quando o atingiu)."

(*Mundakopanishad,* II-2-4)

तिलेषु तैलं दधनीव सर्पिरापः
स्रोतस्स्वरणीषु चाग्निः ।
एवमात्मात्मनि गृह्यतेऽसौ
सत्येनैनं तपसा योऽनुपश्यति ।।

tilesu tailam dadhanīva sarpir āpah
srotas svaranīshu cāgnih
evam ātmātmani grhyate 'sau
satyenainam tapasā yo 'nupasyati.

"Assim como o óleo na semente de gergelim (é encontrado esmagando-a), a manteiga na coalhada (batendo-a vigorosamente), a água num poço (cavando-se o solo) e o fogo em dois pedaços de madeira (esfregando-os), assim Aquele (*Paramātmā*) é percebido dentro do seu próprio ser (*Ātmā*) por uma pessoa que tenta encontrá-Lo por meio da austeridade e da verdade (domínio dos sentidos e da mente)".

(*Shvetāshvataropanishad,* I-15)

स्वदेहमरणिं कृत्वा प्रणवं चोत्तरारणिम् ।
ध्याननिर्मथनाभ्यासाद् देवं पश्येन्निगूढवत् ॥

svadeham aranim krtvā pranavam cottarāranim
dhyānanirmathanābhyāsād devam pashyen
nigūdhavat.

"Tendo feito de seu próprio corpo o pedaço inferior de madeira, e da Palavra Sagrada (*Om*) o pedaço superior (de um instrumento para produzir fogo), que o *sādhaka* perceba o Ser Supremo por meio da meditação constante (do mesmo modo que o fogo se torna visível esfregando-se os dois pedaços do instrumento)".

(*Shvetāshvataropanishad,* I-14)

Uma vez que a *japa* do *Pranava* é um meio independente e poderoso de desenvolvimento espiritual, é óbvio que sua inclusão no mantra *Gāyatrī* aumenta enormemente a eficácia deste mantra. Ela ajuda não apenas de uma maneira positiva, por meio do desenvolvimento da consciência espiritual, mas também negativamente, pela remoção de diferentes tipos de obstáculos do caminho do *sādhaka,* como indicado nos *Yoga-Sūtras* (I-29):

ततः प्रत्यक्चेतनाधिगमोऽप्यन्तरायाभावश्च ।

tatah pratyak-cetanādhigamo 'py antarāyābhāvash ca.

"Dela (a *japa* e meditação em *Pranava)* resultam o desaparecimento dos obstáculos e a interiorização da consciência".

O estudante deveria observar a frase *dhyāna-nirmatha-nābhyāsād* no mantra mencionado. A frase significa "pelo constante revolver da mente por meio da meditação". Esta metáfora não apenas nos revela graficamente a natureza cíclica da atividade mental produzida pela ação da *japa,* mas também enfatiza a necessidade da meditação junto com a *japa.* A *japa* sozinha não será suficiente, ela deve ser acompanhada pela meditação constante, como também está indicado nos *Yoga-Sūtras* (I-28):

तज्जपस्तदर्थभावनम् ।

taj-japas tad-arthabhāvanam.

"Por meio da constante repetição e meditação sobre o seu significado (de *Pranava*)".

O *sādhaka* que está seriamente empenhado na obtenção do seu objetivo na *upāsanā* do *Gāyatrī* tem que meditar no mantra *Gāyatrī* não apenas por ocasião da *japa,* mas também ponderar cuidadosamente sobre o significado do mantra sempre que a oportunidade se oferecer. De fato, isso deveria se tornar um hábito mental tão forte que a mente automaticamente se voltasse para a meditação sobre o mantra sempre que estivesse livre. É tão somente a partir de um tal esforço concentrado e constante que resultados rápidos e significativos podem ser obtidos.

Aquilo que é o *Pranava* para o *Īshvara* do nosso Sistema Solar, são os *Mahā Vyāhritis* para as Deidades Dirigentes dos três planos inferiores nos quais vivemos nossa vida comum, isto é, os planos físico, astral e mental, ou *prithivī, antariksha* e *svarga,* como são chamados nas escrituras hindus. Os três *Mahā Vyāhritis* são os *bīja* mantras (mantras semente) dos três *Devatās* que são denominados *Agni, Vāyu* e *Āditya,* como indicado no mantra *viniyoga* do *Gāyatrī* (o mantra preliminar que especifica o nome do *Rishi,* a métrica, etc. do mantra principal, indicando sua aplicação). Estes *Devatās* também são os *Devatās* dos três princípios ou *tattvas* que predominam nos três planos. Os *bīja* mantras foram, portanto, obviamente incluídos no mantra *Gāyatrī* para suplementar o poder geral do *Pranava* com os poderes especiais dos *Mahā Vyāhritis.*

É verdade que *Īshvara* é o Senhor do nosso Sistema Solar e que os *Devatās* dos três planos estão subordinados a Ele; ainda assim, suas influências fornecem certos elementos ao mantra que Lhes são específicos, embora em um nível inferior. Eles são como as *anupānas* (bebidas tomadas junto ou após os remédios), as quais, no tratamento médico indiano, são ministradas com remédios fortes e básicos como *makaradhvaja.* O *makaradhvaja* desperta o poder curativo básico central inerente ao corpo, o qual o capacita a livrar-se da doença. A *anupāna* especializa este poder para os diversos propósitos específicos, de modo a remover aquela doença em particular. Analogamente, embora os poderes despertados pelos *Mahā Vyāhritis* também sejam poderes que são indiretamente derivados do Senhor do Sistema Solar, eles são poderes especializados, administrados e dirigidos pelos *Devatās* dos três planos.

Estes *bījas* mantras ou *bīja aksharas* (sílabas semente) são conhecidos no caso da maior parte dos *Devatās* e geralmente estão incluídos em seus mantras. A própria palavra *bīja,* ou semente, revela a sua função em relação a esses mantras. Uma semente é um símbolo de potencialidade. Ela contém dentro de si mesma a potencialidade de se desenvolver como um determinado tipo de árvore, quando as condições necessárias são fornecidas. Especificidade e crescimento gradual são suas principais características e estas também são as características do processo pelo qual um *bīja* mantra desenvolve a consciência do *sādhaka.*

Há uma história no *Chāndogyopanishad* que serve para esclarecer a natureza dos três *Mahā Vyāhritis* e mostrar como estes estão relacionados não apenas aos três planos inferiores do Sistema Solar e seus *Devatās,* mas também aos três *tattvas* correspondentes e aos três Vedas. A história conta que certa vez *Prajāpati* realizou *samyama* (meditação *yóguica* composta de três fases) sobre a natureza do universo (*vishva*) e descobriu que a essência do mundo físico (*prithvī*) era *Agni,* a do mundo astral (*antarikhsa*) era *Vāyu,* e que a do céu inferior ou mundo mental (*svarga*) era *Āditya.* Ele, então, realizou *samyama* sobre estes três *Devatās* e descobriu que a relação predominante de *Agni* era com o *Rig Veda,* aquela de *Vāyu* era com o *Yajur Veda* e a de *Āditya* era com o *Sāma Veda.* Ele novamente realizou *samyama* sobre os três Vedas e descobriu que a essência do *Rig Veda* era *Bhūh,* a do *Yajur Veda* era *Bhuvah* e a do *Sāma Veda* era *Svah.*

Esta história não apenas esclarece a natureza dos *Mahā Vyāhritis* como sílabas semente das Deidades que regem os três planos e dos seus correspondentes *tattvas,* mas também revela o importante fato de que estas coisas, que pertencem a diferentes categorias, estão na realidade intimamente inter-relacionadas. É fácil compreender por que isso deve ser assim. Todas elas são derivadas da mesma Realidade, a qual se diferencia de diferentes maneiras a fim de produzir princípios e fenômenos de diferentes tipos.

A relação dos *Mahā Vyāhritis* com *Pranava* também deve ser mencionada. Eles são derivados de *Pranava* e podem ser considerados como suas formas diferenciadas, do mesmo modo que as três cores primárias são derivadas da luz branca e nela estão contidas. Este fato está sugerido no último dos quatro mantras dados a seguir. Estes quatros mantras, do *Chāndogyopanishad,* são aqui relevantes porque ajudam a esclarecer a natureza dos três *Mahā Vyāhritis*.

प्रजापतिर्लोकानभ्यतपत्तेषां तप्यमानानां रसान्
प्रावृहदग्निं पृथिव्या वायुमन्तरिक्षादादित्यं
दिवः ॥

prajāpatir lokān abhyatapat teshām tapyamānānām
rasān prāvrhad agnim prthivyā
vāyum antariksād ādityam divah.

"*Prajāpati* meditou sobre os *lokas* (planos constituintes do universo) e como resultado de sua meditação percebeu suas essências, a saber, *Agni,* de *prithvī* (mundo físico), *Vāyu* de *antariksha* (mundo astral), e *Āditya* de *svarga* (mundo mental)".

(*Chāndogyoponishad,* IV-17-1)

स एतास्तिस्रो देवता अभ्यतपत् तासां तप्य-
मानानाम् रसान् प्रावृहदग्नेर्ऋचो वायोर्यजूंषि
सामान्यादित्यात् ॥

sa etās tisro devatā abhyatapat tāsām
tapysmānānām rasān prāvrhad agner rco
vāyor yajūmshi sāmāny ādityāt.

"Ele meditou sobre os três *Devatās Agni, Vāyu* e *Āditya* e como resultado de sua meditação percebeu suas relações essenciais, a saber, *Rig* (Veda) como *Agni, Yajur* (Veda) com *Vāyu* e *Sāma* (Veda) com *Āditya*".

(*Chandogyopanishad,* IV-17-2)

स एतां त्रयीं विद्यामभ्यतपत् तस्यास्तप्यमानाया
रसान् प्रावृहद्भूरिति ऋग्भ्यो भुवरिति यजुर्भ्यः
स्वरिति सामभ्यः ।।

sa etām trayīm vidyām abhyatapat tasyās
tapyamānāyā rasān prāvrhad bhūr iti
rgbhyo bhuvar iti yajurbhyah svar iti
sāmabhyah.

"Ele meditou sobre o tríplice conhecimento (os três Vedas), e como resultado de sua meditação percebeu suas essências, a saber, *Bhūh* (o primeiro *Mahā Vyāhriti*) do *Rig* (Veda), *Bhuvah* (o segundo *Mahā Vyāhriti*) do *Yajur* (Veda), e *Svah* (o terceiro *Mahā Vyāhriti)* do *Sāma* (Veda)".

(*Chāndogyopanishad,* IV-17-3)

तान्यभ्यतपत्तेभ्योऽभितप्तेभ्य ॐकारः संप्रास्रवत्
तद्यथा शङ्कुना सर्वाणि पर्णानि संतृण्णान्येव-
मोंकारेण सर्वा वाक् संतृण्णा ओंकार एवेदं
सर्वमोंकार एवेदं सर्वम् ।।

tāny abhyatapat tebhyo' bhitaptebhya omkārah
samprāsravat tad yathā shankunā sarvāni
parnāni samtrnnāny evam omkārena sarvā
vāk samtrnnā omkāra evedam sarvam omkāra evedam sarvam.

"Então, Ele (*Prajāpati*) ponderou a respeito destas sílabas (*Mahā Vyāhritis*). Do resultado desta reflexão nasceu *OM.* Assim como os veios permeiam todas as folhas, do mesmo modo *OM* permeia todo *Vak* (Som). Na verdade tudo isto é *OM*! Na verdade tudo isto é *OM*!

(*Chāndogyopanishad,* II-23-3)

Chegamos agora à segunda parte do mantra *Gāyatrī* que é, na verdade, uma invocação a *Savitā* por mais Luz e que pretende avivar a centelha da aspiração espiritual no *sādhaka,* transformando-a numa chama resplandecente. É um chamado da alma individual para o Ser Universal, que é a fonte e a meta da sua vida. Não é um pedido por alguma coisa, por objetos físicos ou mesmo por felicidade. É um pedido por Iluminação da mais alta ordem, por aquele conhecimento que o fará realizar sua unidade com Ele, que é a fonte de todo conhecimento, poder e glória. Não pode haver desejo, nem ambição, nem aspiração superior a esta. Mas antes que possamos compreender o significado completo desta parte do mantra, é necessário entendermos o que realmente significam as diferentes palavras que o constituem.

Em primeiro lugar, quem é *Savitā*, que é o *Devatā* do mantra *Gāyatrī* principal? A palavra *Savitā,* em geral, significa o Sol, que é o centro do Sistema Solar, em torno do qual todos os planetas estão girando. A Ciência demonstrou que o Sol é a fonte de todos os tipos de energia que são necessárias para a vida no Sistema Solar. Mas a Ciência considera o Sol apenas como uma enorme bola de fogo cuja energia está sendo mantida pela conversão de Hidrogênio em Hélio, a reação termonuclear subjacente à produção da bomba de Hidrogênio. Este potente centro de energia física está continuamente liberando todos os tipos de energia e vibrações no Sistema Solar, como o calor, a luz e os outros tipos de energia que são utilizados na manutenção da vida em nosso planeta, em todas as suas formas. A forma maravilhosa como estão bem ajustadas e reguladas estas várias forças operando no Sistema Solar pode ser percebida pelo fato de que se a temperatura do Sol se elevasse apenas um por cento, todos nós seríamos reduzidos a cinzas instantaneamente, e se ela caísse um por cento, seríamos congelados na mesma hora.

A Ciência tem investigado e conhece bastante sobre os aspectos físicos do Sol e do Sistema Solar e todas as suas pesquisas tendem a mostrar que o Sol é o Centro da Vida no Sistema Solar, bem como que a vida em todos os estágios é por ele mantida, direta ou indiretamente. O que a Ciência não sabe, e o que é surpreendente, nem mesmo preocupa-se em conhecer, é que o Sol não é apenas o centro e a fonte da vida física, mas também da vida em todos os seus aspectos: físico, emocional, mental e espiritual. O uso de métodos *yóguicos* pelos *Rishis* e Adeptos do Ocultismo levou-os à descoberta de que o Sol em seu aspecto físico é, meramente, a camada mais externa ou invólucro da realidade total que ele oculta. Dentro do Sol físico, e interpenetrando o Sistema Solar, estão ocultos mundos mais sutis de inimaginável esplendor e poder. E todos estes mundos são expressões ou corpos de um Poderoso Ser a quem chamamos *Sūrya Nārāyana,* ou o Logos Solar. Este Ser é a Deidade Diretora ou *Īshvara* do Sistema Solar (*brahmānda*) e toda vida operando nos diferentes níveis e nas diferentes esferas do Sistema Solar está contida em Sua Consciência e é alimentada por Sua vida, bem como pelas forças e energias que Dele emanam. Todas as formas de consciência no Sistema Solar são expressões limitadas da Sua Consciência. Todos os poderes são derivados do Seu poder. Literalmente, "Nele vivemos, nos movemos e temos nosso ser".

De acordo com a filosofia hindu cada Sistema Solar ou *brahmānda* é uma unidade separada e autônoma no universo e é regida por um *Īshvara* em Seus três aspectos de *Brahmā, Vishnu* e *Mahesha.* Mas esta separação e diferenciação de um Sistema Solar em relação aos outros, de uma galáxia das outras e de um universo dos outros, existe tão somente nos planos inferiores da manifestação. Em seus aspectos espirituais, que estão acima do tempo e do espaço, todos eles fazem parte de um *Saguna Brahman,* são células em Sua Consciência transcendente e todo-abarcante. A relação destes inumeráveis *Īshvaras* dos Sistemas Solares com o *Saguna Brahman* do Cosmos é análoga à relação dos diferentes *Jīvātmās* no Sistema Solar com o *Ishvara* do Sistema Solar. Há um funcionamento separado nos planos inferiores, porém com identidade de espírito e unidade da consciência subjacente.

Pesquisas feitas no campo da astronomia com telescópios superpotentes mostraram que nosso Sistema Solar é parte de uma galáxia (Via Láctea), que contém cerca de 100.000.000.000 (100 bilhões) de outras estrelas, presumivelmente com seus respectivos Sistemas Solares. Nossa galáxia, por sua vez, é uma das inumeráveis galáxias que fazem parte do nosso universo. E este universo é novamente um dos inumeráveis universos espalhados no espaço e separados uns dos outros por distâncias inimagináveis, medidas em termos de anos-luz. A totalidade destas manifestações no plano físico, a qual ainda está além do alcance dos telescópios mais poderosos, pode ser chamada de Cosmos, e o *Saguna Brahman* da filosofia hindu deve ser a Deidade Regente desta tremenda e quase aterradora manifestação.

É lícito supormos que correspondendo a estes diferentes agrupamentos de Sistemas Solares em forma de galáxias e universos deva haver Deidades Regentes, que são os Senhores dos respectivos grupos sobre os quais elas governam, mas sempre subordinadas ao Supremo *Īshvara* que rege todo o Cosmos. Porém, uma vez que estas diferentes manifestações são unas em essência e são permeadas pela Realidade Última una, suas separações no reino do espaço e do tempo, na realidade, não importam do ponto de vista do *sādhaka* e ele pode considerar o *Īshvara* de nosso Sistema Solar, a quem ele está diretamente relacionado, como seu objetivo na *sādhana*. Pois aquele que solucionou o mistério oculto, por detrás do nosso Sol, solucionou em grande medida o mistério oculto por detrás do Cosmos, ou pelo menos está em posição de tratar deste problema. O

Sol (*Savitā*) do mantra *Gāyatrī* é, portanto, um objetivo apropriado para a aspiração do *sādhaka* e ele não tem porque sentir que não está aspirando suficientemente alto. A Realidade que está oculta por detrás do Sol é tão incomensuravelmente maior que aquilo de que ele está consciente, que lhe é praticamente irrelevante se existem estados mais profundos de consciência ou Realidade ainda maiores.

Examinemos agora um pouco do que dizem nossas escrituras a respeito de *Savitā,* a Suprema Consciência subjacente ao nosso Sistema Solar. Existem muitas referências e descrições, mas as três seguintes serão suficientes para dar ao leitor uma ideia com relação à magnífica concepção de *Sūrya Nārāyana* que nossos *Rishis* foram capazes de por em palavras. A primeira destas descrições é do *Yājñavalkya Samhitā,* enquanto que a segunda e terceira são do *Ishāvāsyopanishad.* Como a beleza da linguagem não pode ser traduzida, os textos originais em sânscrito também são dados.

आदित्यान्तर्गतं यच्च ज्योतिषां ज्योतिरुत्तमम् ।
हृदये सर्वभूतानां जीवभूतं स तिष्टति ।।
हृद्व्योम्नि तपति ह्येष बाह्यसूर्यस्य चान्तरे ।
अग्नौ वा धूमकेतौ च ज्योतिश्चित्रकेरं च यत् ।।
प्राणिनां हृदये जीवरूपतया य एव भर्गस्तिष्ठति स
एव आकाशे आदित्यमध्ये पुरुषरूपतया विद्यते ।।

ādityātargatam yacca jyotishām jyotir uttamam
hrdaye sarva-bhūtānām jīvabhūtam sa tishthati.
hrd-vyomni tapati hy esha bāhyasūryasya cāntare
agnau vā dhūmaketau ca jyotish citrakeram ca yat.
prāninām hrdaye jīvarūpatayā ya eva bhargas tishthati
sa eva ākāshe ādityamadhye purusharūpatayā vidyate.

"A Luz Espiritual que está oculta dentro do Sol é a luz mais excelsa. Ela está brilhando através do coração de todas as criaturas vivas sob a forma de consciência. A Luz Espiritual que está brilhando dentro do Sol físico também brilha dentro do coração de todo *jīva.* Esta Luz é mais brilhante que *Agni, Dhūmaketu,* etc. A Luz que está brilhando no coração de todos os *jīvas* sob a forma de consciência, também está brilhando através do universo sob a forma do Homem Celeste e tornando-o um organismo vivo".

(*Yājñavalkya Samhitā*)

हिरण्मयेन पात्रेण सत्यस्यापिहितं मुखम् ।
तत्त्वं पूषन्नपावृणु सत्यधर्माय दृष्टये ।।

hiranmayena pātrena satyasyāpihitam mūkham
tattvam pūshannapāvrnu satyadharmāya drstaye

"Ó Senhor, que manténs e nutres todas as coisas, se esta for a Tua Vontade, remove para mim, que sigo o caminho da Verdade, o disco brilhante (o Sol) que encobre Tua Face (Tua real natureza)'".

(*Īshāvāsyopanishad, 15*)

पूषन्नेकर्षे यम सूर्य प्राजापत्य व्यूह रश्मीन् समूह ।
तेजो यत्ते रूपं कल्याणतमं तत्ते पश्यामि योऽसावसौ
पुरुषः सोऽहमस्मि ।।

pūsann ekarse yama sūrya prājāpatya vyūha
rāsmīn samūha.
tejo yat te rūpam kalyānatamam tat te pashyāmi
yo 'sāvasau purusah so 'ham asmi.

"Ó Senhor, que manténs e nutres todas as coisas, que dispensas justiça, que és adorado por *Prajāpati,* se esta for a Tua Vontade, retire os raios da Tua Luz externa, de modo que eu possa ver Tua forma mais benigna (Tua real natureza). A Realidade que Tu és, esta também sou eu".

(*Īshāvāsyopanishad,* 16)

As três citações acima nos dão, numa belíssima linguagem, os princípios subjacentes à adoração do mantra *Gāyatrī*. Em primeiro lugar, elas nos mostram que o Sol físico, o qual vemos e que é o único que a Ciência estudou, é meramente uma cobertura externa de uma gloriosa Realidade que permeia e energiza todo o Sistema Solar. Em segundo lugar, elas nos indicam que esta Realidade é, em essência e fundamentalmente, a mesma Realidade que está oculta no coração de todo ser humano. Descobrir e conhecer diretamente esta Realidade em seu próprio coração é o objetivo final de toda *sādhanā,* e o único meio de destruir as ilusões e limitações da vida inferior. E finalmente, elas nos revelam claramente que, descobrindo esta Realidade dentro de si mesmo, o *sādhaka* pode invocar a Realidade oculta por detrás do Sol e, através do auxílio que ele obtém desta Fonte Suprema de iluminação espiritual, tornar mais fácil a sua tarefa de Autodescoberta.

O estudante deveria ponderar por algum tempo sobre o significado destas profundas verdades e como elas podem revolucionar as vidas de pessoas que se deixam ficar completamente aprisionadas dentro de seus pequenos mundos, passageiros e insignificantes, de prazeres e ambições vulgares, enquanto que estes mundos de gloriosas realidades permanecem inexplorados e não descobertos dentro deles. Visto de um ponto de vista puramente físico, o Sol é uma enorme esfera de ofuscante glória, irradiando luz e outros inumeráveis tipos de energias através de todo Sistema Solar. O homem não passa de um pequeno punhado de carne e osso, vivendo num planeta distante durante poucos anos e desaparecendo então no absoluto vazio e esquecimento. Do ponto de vista puramente materialista, o qual é na atualidade irrefletidamente aceito e enfatizado, o homem é uma criatura absolutamente insignificante, e apenas as pessoas que se recusam a estudar o que todos os grandes Instrutores disseram e a adotar um ponto de vista inteligente a respeito da vida é que podem ficar satisfeitas com uma tal concepção da vida humana. Mas quando, como resultado da *sādhanā,* os olhos internos do homem são abertos, um tremendo e surpreendente mistério se revela dentro de sua consciência. O Sol externo, tremendamente glorioso e inspirador de reverência como ele o é, passa a ser visto como sendo tão somente o veículo físico de uma poderosa e estupenda Consciência, a qual impregna o Sistema Solar em sucessivos níveis de inimaginável glória. E o que é mais maravilhoso, o homem que alcançou esta visão é uma parte daquela gloriosa Consciência! Ele descobre que sua limitada consciência é uma expressão, uma faceta daquela Consciência, um raio daquele Sol espiritual. De fato, ele e o Sol espiritual oculto por detrás do Sol físico são unos, de um modo misterioso e contudo muito real. Oh! Mistério dos mistérios, que está para ser desvendado pelo homem aprisionado às ilusões, o qual não conhece a si mesmo nem a seu destino. Este Sol espiritual da Consciência é *Savitā* – Aquele a quem o *Gāyatri,* através de sucessivos estágios, pretende revelar.

O que é a luz de *Savitā* ou *bharga*? Do mesmo modo que o Sol físico é uma esfera de gases incandescentes circundada por uma aura luminosa de intensidade decrescente, assim também o Sol Espiritual é o verdadeiro centro da Consciência Espiritual, e esta Consciência Espiritual vai se limitando nos vários *lokas* ou planos, os quais, por assim dizer, constituem Seus veículos. Portanto, podemos entrar em contato com esta Consciência em diferentes níveis, penetrando nas camadas mais profundas de nossa própria consciência. A Realidade Última é indivisível e imutável, e quando Ela parece estar diminuída, em diferentes graus, de acordo com os diferentes planos, como *bharga* ou consciência condicionada, é tão somente o reflexo daquela Realidade em nossa mente que está sendo visto como diferentes tipos de consciência. Uma ilustração elementar talvez ajude o leitor a entender este ponto. É possível obtermos uma imagem refletida do Sol tanto numa xícara com água, quanto no espelho de um telescópio de 200 polegadas. A primeira é uma imagem tênue, enquanto que a segunda é uma imagem de um brilho tão ofuscante que ninguém pode olhar diretamente para ela. O Sol permanece sem ser afetado por estas diferentes condições. É o receptor que determina a recepção e que faz toda a diferença. Analogamente, os diferentes tipos de Consciência Divina, que contatamos nos diferentes planos, são realmente os reflexos da Realidade Última em diferentes níveis de *chitta* ou mente. A Realidade em Si mesma não pode ser limitada, nem tornar-se condicionada de qualquer maneira.

O processo da Autorrealização pode ser visto, deste modo, como uma gradual elevação da nossa própria consciência a fim de encontrar a Consciência do Logos Solar, da maneira como ela se reflete nos mundos cada vez mais sutis existentes dentro do Sistema Solar. É como escalar uma montanha com cumes cada vez maiores e que nunca chegam ao fim. À medida que passamos para maiores altitudes obtemos uma visão cada vez mais grandiosa do panorama à nossa volta. Não apenas obtemos uma visão cada vez mais gloriosa da Realidade, mas nos descobrimos tornando-nos cada vez mais unos com a Realidade que percebemos. Parece que estamos nos expandindo dentro daquela Realidade todo-abarcante, e aquela Realidade parece estar se manifestando dentro de nós. Este processo dual, o descenso do Todo na parte e a expansão da parte no Todo, é simultâneo e indistinguível e podemos obter um vislumbre de sua natureza por meio do exame de um experimento simples. Suponha que você pegue uma lâmpada elétrica de 1000 velas e a cubra com vários globos de vidro semitransparentes, coloridos e concêntricos.

Após passar pelos diferentes globos, a luz que emergirá do globo mais externo estará muito fraca e apagada. A luz que sai do globo mais externo é derivada e é uma expressão da luz mais interna, mas é uma expressão muito limitada e mal pode dar uma ideia daquela luz branca, pura e brilhante que está oculta no centro. Porém, se você remover o globo mais externo, a luz que emerge do globo seguinte será mais forte e menos limitada. Pode-se dizer que a luz externa se expandiu na luz mais interna, ou que a luz interna desceu ou manifestou-se em maior medida na luz mais externa. É meramente uma maneira diferente de olhar o mesmo processo. O interno e o externo se aproximam cada vez mais um do outro a cada remoção adicional de uma cobertura, até que a última cobertura tenha sido removida, quando o externo e o interno tornam-se unos. Tal é o processo de desenvolvimento espiritual da alma individual, no qual sua consciência eleva-se gradualmente aos planos superiores da existência e torna-se mais e mais una com a Consciência de *Paramātmā,* ou Ser Universal, embora os dois nunca possam se tornar completamente unos. Como mencionado em *Luz no Caminho.* "Entrarás na Luz, mas nunca tocarás a Chama".

Por que esta Luz é chamada de *varenyam*? A palavra sânscrita *varenyam* significa "a melhor" e, portanto, digna ou merecedora de uma busca intensa e esforçada. Depois do que foi dito sobre a natureza desta Luz, seria quase desnecessário mostrar que na vida humana ela é, por excelência, aquilo pelo qual devemos nos esforçar de todo coração e alma. Ela não apenas nos conduz a perspectivas de conhecimentos ilimitados, mas ela se constitui no único meio de libertação da Grande Ilusão, na qual os seres humanos estão envolvidos e por meio da qual estão aprisionados à roda de nascimentos e mortes com suas consequentes misérias. Eles podem não saber que é possível pôr-se um fim às misérias da vida ou, sabendo disso, podem não estar preparados para adotar os meios necessários. Mas um dia o chamado virá e então, querendo ou não, terão que trilhar o

Caminho que os conduzirá para fora deste mundo de ilusão e limitações *(samsāra),* em direção ao mundo da Realidade que jaz oculto dentro de suas almas.

Algumas palavras também podem ser ditas a respeito da palavra *dhīmahi.* Esta palavra significa "meditamos sobre", mas ela também pode significar "que possamos meditar sobre". Estes dois significados são aplicáveis no presente contexto. Na forma "meditamos sobre", a sentença torna-se uma *samkalpa* ou assertiva de determinação, enquanto que na forma "que possamos meditar sobre" ela se torna uma prece. Considerando-se o propósito desta parte do mantra, o qual já foi visto, o primeiro significado parece ser mais apropriado.

Outro ponto a ser notado com relação à palavra *dhīmahi* é que ela está no plural. Seria de se esperar que o mantra *Gāyatrī*, sendo ele da natureza de uma prece, usasse a forma singular, sobretudo porque se trata de uma questão entre o *sādhaka* e sua Divindade escolhida *(Ishta Devatā).* A aparente anomalidade pode ser explicada pelo fato de que esta prece ou mantra destina-se ao desenvolvimento da consciência espiritual, cuja natureza mais essencial consiste na realização da unidade de todos os seres vivos. Assim, enquanto uma prece comum pode objetivar benefícios individuais, a prece contida no mantra *Gāyatrī* deve, por sua própria natureza, ser em nome de todos os seres humanos e o influxo de forças espirituais que dela resulta deve beneficiar todos os seres humanos coletivamente. Nesta completa ausência de qualquer motivo egoísta reside seu tremendo poder espiritual. Quanto mais uma prece ou adoração estiver livre do estreito egoísmo que caracteriza a natureza humana comum, maior será o seu poder de penetrar nos reinos internos da Consciência Divina e de obter uma resposta daquelas regiões puras e sublimes, nas quais pensamentos e emoções egoístas não podem entrar.

A terceira parte do mantra *Gāyatrī* implica numa completa inversão da atitude envolvida na segunda parte, conforme anteriormente mencionado. Nesta última parte, o *sādhaka* entrega-se completamente ao Divino e, desta maneira, possibilita que as forças Divinas fluam para dentro de seus veículos, purificando estes veículos e dotando-os de um maior grau de sensibilidade e capacidade para a iluminação. Após realizar um máximo esforço, o *sādhaka* entrega-se e abre-se tanto quanto possível à Luz e à Vida Divinas. Em primeiro lugar, o arco é esticado em seu limite máximo e, então, a flecha é solta.

Quando assumimos uma atitude positiva na oração, baseada na determinação, produzimos ou despertamos forças espirituais dentro das camadas mais profundas do nosso ser, mas estas forças permanecem em estado latente devido à presença do egoísmo que subjaz a todas as formas de determinação. Quando mudamos nossa atitude para aquela da autoentrega, a obstrução causada pelo egoísmo é removida ou atenuada e estas forças espirituais, que são chamadas de "graça" ou *kripā,* fluem para dentro da nossa mente. Percebe-se, portanto, que as três partes separadas e bem definidas do mantra *Gāyatrī* têm cada uma delas um propósito e uma função definida, e que a repetição verbal ou mental do mantra na *japa* deveria ser acompanhada, tanto quanto possível, pelas atitudes que lhes são correspondentes na consciência.

A palavra *dhiyah,* que significa *Buddhi,* está também no plural, pelas mesmas razões anteriormente dadas. O *sādhaka* identifica-se com todos os seres humanos ao invocar *Savitā* e, de certo modo, já assume a unidade que quer experimentar diretamente. A palavra *prachodayāt* pode ser traduzida como "aquele que desenvolve (nossos *Buddhis)*" ou "possa (Ele) desenvolver (nossos *Buddhis)*". Ambos os significados são aplicáveis mas, em vista do que foi dito com relação ao propósito e à função desta terceira parte do mantra, o segundo significado é mais apropriado. Se, entretanto, o *sādhaka* decidir adotar o primeiro significado ele terá que adotar uma atitude ou *bhāva* completamente diferente na *japa.* Uma vez que neste caso o significado do mantra será "meditamos sobre a Luz adorável do Divino *Savitā* que desenvolve nossos *Buddhis*", o *sādhaka* em sua *japa* tem de concentrar a mente na Luz da Consciência Divina oculta em seu coração, da maneira indicada mais adiante no capítulo sobre meditação. Ele tem que penetrar através da imagem do Sol e das suas ideias acerca de *Savitā,* na Realidade que está oculta por detrás destas ideias.

CAPÍTULO V

UPĀSANĀ

Nos capítulos anteriores consideramos certos aspectos do *Gāyatrī* que são mais ou menos de natureza teórica. Mas o estudo dos aspectos meramente teóricos de um assunto como o *Gāyatrī*, mesmo sendo profundo e detalhado, é relativamente fútil, embora muitos estudantes se permitam ficar satisfeitos com um estudo deste tipo. Para as pessoas interessadas nos problemas da vida interior, é essencial compreender a futilidade de um estudo puramente teórico destes problemas e o perigo de confundir erudição com espiritualidade. De fato, há um grande número de pessoas que se deixam cair em uma espécie de sono espiritual, embaladas por brilhantes exposições de doutrinas filosóficas feitas por pessoas intelectualmente talentosas. Estas pessoas acordam tarde demais na vida para então descobrirem que todo o seu estudo teórico não tem grande utilidade na resolução dos problemas da vida ou para a obtenção, em alguma medida significativa, da paz e da força interiores.

Esta confusão prevalecente entre erudição e espiritualidade deve-se a uma má interpretação a respeito da relação existente entre as duas. Geralmente assume-se que não é possível haver um claro e profundo entendimento intelectual de doutrinas filosóficas e religiosas sem alguma medida de realização espiritual. Isso não é verdadeiro. A natureza da compreensão intelectual da verdade é fundamentalmente diferente de sua percepção real e é possível adquirir em um alto grau, e até mesmo comunicar uma tal compreensão intelectual sem uma percepção real equivalente ou proporcional, a qual fundamenta-se no funcionamento da faculdade conhecida como *Buddhi.* De fato, em alguns casos a compreensão intelectual pode superar em tal extensão a percepção real que as duas dão a impressão de existirem completamente independentes uma da outra e de funcionarem em dois compartimentos estanques da nossa mente. Esse é um problema psicológico muito importante e interessante mas não é possível discuti-lo aqui. Ele foi mencionado meramente para enfatizar a grande necessidade de primeiro compreendermos intelectualmente o lado prático da cultura espiritual e, então, aplicarmos esse conhecimento da técnica em nossa vida com toda seriedade e energia possíveis. A teoria e a prática são os dois fatores indispensáveis da *sādhanā* e, dos dois, a prática é o mais importante. Assim sendo, voltemos agora nossa atenção para a técnica da *sādhanā* a fim de que possamos estar apropriadamente equipados para entrarmos no laboratório da Ciência da Autorrealização.

A *sādhanā* que se baseia no uso do mantra *Gāyatrī* envolve algumas cerimônias, além da meditação e da *japa* que são suas componentes principais. Antes de tratarmos das várias cerimônias que estão envolvidas na *upāsanā* de *Gāyatrī,* geralmente conhecidas como *samdhyā,* é necessário considerarmos brevemente uma questão que é de importância fundamental. A compreensão adequada desta questão nos permitirá ver todas estas cerimônias externas em sua correta perspectiva e a elas atribuir apenas aquela importância que lhes é devida. A técnica da *upāsanā* chegou até nós depois de passar pelas mãos de instrutores e *sādhakas* de diferentes níveis e capacidades, durante o curso de milhares de anos e, naturalmente, ela sofreu adições e modificações de diversas maneiras. Algumas destas modificações e melhoramentos foram feitos por Adeptos e são de grande valor para o *sādhaka,* enquanto que outras foram introduzidas por forças comuns operando nas cerimônias. Essas últimas mudanças tornaram toda a técnica desnecessariamente complicada e fizeram com que se sacrificasse o essencial pelos aspectos não essenciais. Muitas pessoas não sabem que no período védico a *japa* do mantra *Gāyatrī* era a principal e talvez a única componente da *upāsanā* de *Gāyatrī* e que toda a técnica da *samdhyā* foi elaborada posteriormente, especialmente por escritores tântricos. Há, deste modo, muitas tradições *(paddhatis)* que são seguidas por diferentes grupos de hindus da maneira mais rígida, como é o costume de todas as pessoas ortodoxas. A atribuição de terríveis penalidades pela não conformidade a essas tradições, bem como de recompensas baratas para aqueles que seguem estritamente as práticas prescritas, são frequentes na literatura. Isso geralmente acontece quando uma tradição espiritual passa para as mãos de meros sacerdotes, os quais estão interessados em manter seu domínio sobre os seguidores e serem considerados como os únicos guardiões da Sabedoria Divina. O resultado desse rígido enfoque à questão da *upāsanā* é que ela fica restrita às poucas pessoas que têm o tempo e a oportunidade para se engajar em cerimônias elaboradas. Os demais, seja por medo, preguiça ou falta de tempo, ficam distantes destas coisas.

Se estudarmos com uma mente aberta a extensa literatura sobre a técnica da *upāsanā* e considerarmos cuidadosamente a grande variedade de técnicas disponíveis para acelerar nosso desenvolvimento espiritual, seremos forçados a chegar à conclusão de que não há nenhuma justificativa para adotarmos uma atitude rígida nestas questões e que o *sādhaka* deve ter liberdade, pelo menos até certo ponto, para retirar desta vasta e rica herança da religião hindu qualquer coisa que se adapte ao seu temperamento e estágio de evolução. É verdade que muitas destas práticas estão fundamentadas no uso e na manipulação de forças interiores, e na manipulação de forças naturais temos que manter em mente as condições do experimento e nos adequarmos a elas a fim de obtermos os resultados desejados. Mas também temos que nos lembrar que as leis e as forças naturais não são propriedade exclusiva de nenhum indivíduo ou raça e que elas não podem ser confinadas aos estreitos limites estabelecidos pela ortodoxia ou pela ignorância. Há muitas maneiras de se obter o mesmo resultado e não deverá ocorrer nenhum problema se o *sādhaka* usar seu bom senso nestas questões e adotar uma atitude experimental. Afinal, o verdadeiro *sādhaka* tem sua face voltada para Deus, que é a sua essência interior ou *antarātmā*, o qual está gradualmente guiando-o para Si mesmo. Também não devemos nos esquecer que cada alma individual é única e tem seu próprio e único caminho para alcançar a meta comum. "Cada homem é absolutamente para si mesmo o caminho, a verdade e a vida", como foi tão belamente colocado em *Luz no Caminho*. As pessoas não deveriam e não podem ser forçadas dentro de um mesmo molde como algumas vezes tenta-se fazer. Cada um deveria ter uma certa dose de liberdade nestas questões e, desde que mantenha em vista os princípios fundamentais, deveria poder selecionar e escolher as técnicas menores que irá adotar para atingir a sua meta. Se um dado mantra purificatório é usado na *samdhyā* dos *Rig-Vedins,* que mal poderá advir se ele for utilizado por aqueles que seguem as regras prescritas para os *Sāma-Vedins;* ou havendo uma cerimônia particularmente inspiradora e efetiva recomendada pelos instrutores tântricos, por que ela não poderia ser adotada pelos seguidores do *dharma* védico? A natureza não reconhece estas distinções feitas pelo homem e atribuir-lhes uma importância indevida significa que, na verdade, não reconhecemos o caráter essencialmente científico que realmente está implícito nas técnicas da *Sanātana Dharma* (a Religião Eterna).

É necessário enfatizar estas coisas fundamentais não somente porque o edifício da *sādhanā* deve ser construído sobre fundações suficientemente firmes para suportar a pressão de ideais e desejos em conflito, mas também porque uma clara compreensão destes princípios básicos nos capacita a adotar uma atitude correta e de bom senso em relação às práticas que constituem a técnica da *sādhanā*. Em meio à confusão das vozes que nos vêm do passado que se estende por milhares de anos, em meio às conflitantes filosofias, todas elas tentando manter um ponto de vista oposto às demais, em meio a tantas religiões que colocam diante de nós diferentes tipos de ideais de vida e em meio a uma atordoante variedade de técnicas para o desenvolvimento da nossa natureza espiritual, devemos ser capazes de adotar uma atitude equilibrada, sensata e dinâmica, ser capazes de selecionar e escolher sabiamente, bem como de seguir uma linha firme sem nos desviarmos do nosso propósito principal na vida. Isso somente será possível se tivermos uma compreensão muito clara e firme dos princípios fundamentais e se tivermos desenvolvido discernimento suficiente para distinguir entre o essencial e o não essencial.

Após estas considerações preliminares, examinemos agora o assunto em foco, isto é, a *upāsanā* de *Gāyatrī*.

A palavra *upāsanā* literalmente significa "sentar-se próximo". O aspirante que decidiu estabelecer contato direto com seu *Ishta Devatā* ou deidade escolhida, gradualmente desenvolve o hábito de sentar-se próximo Dele. Nas antigas escolas de cultura espiritual, tanto hindus quanto muçulmanas, fazia-se os aspirantes sentarem perto do instrutor por meses ou anos, antes que o instrutor prestasse qualquer atenção séria neles. O guru os mantinha sob observação e ficava atento às suas ações e reações, em geral por um longo tempo, antes de trazê-los para mais perto dele. A mesma ideia está por detrás da *pūjā* (adoração) ou *upāsanā* de um *Devatā*. O *sādhaka* cuja mente se acha distraída em suas atividades, atrações e buscas mundanas não pode repentina e subitamente desenvolver a fé e o amor por seu *Ishta Devatā*. Ele deve tentar mudar gradualmente as suas atitudes, as tendências de suas atividades mentais e tornar-se apto para um contato mais próximo com seu *Ishta Devatā*, dedicando cada vez mais tempo às práticas que, pouco a pouco, desenvolvem sua afinidade e atração por Ele. A mente é uma criatura de *samskāras* ou condicionamentos e se a submetemos a estas práticas ela se torna gradualmente matizada pelos novos ideais e estados de espírito e cada vez mais apta para aproximar-se e, finalmente, tornar-se una com o *Ishta Devatā*. Sabemos que somente as coisas que são semelhantes podem fundir-se umas com as outras. Apenas aqueles que são apropriadamente puros, tranquilos e desapegados é que podem se aproximar e se tornar unos com Ele que é a fonte dessas qualidades espirituais fundamentais.

A partir do que foi dito acima deveria ficar claro que a *upāsanā* é necessária, muito embora seja um estágio preliminar na *sādhanā*. É necessária porque ninguém que ainda não possua *samskāras* muito fortes, trazidos de vidas passadas, pode repentinamente adquirir a força e a capacidade necessárias para o esforço total requerido na busca do ideal espiritual. Essa força e capacidade geralmente têm que ser construídas gradualmente e a *upāsanā* ajuda a fazer isso. É preliminar porque a dependência de práticas e formas externas não é necessária nos estágios posteriores da *sādhanā* e tem que ser abandonada quando o *sādhaka* realizou suficientes progressos. Em que momento ele pode e deve abandonar esses auxílios externos compete a ele decidir, o que irá depender de muitos fatores que não precisamos comentar aqui.

Este treinamento preliminar é uma parte necessária de todos os sistemas de cultura espiritual. No *bhakti mārga* ou caminho devocional temos as práticas de *navavidha bhakti* (devoção de nove etapas). No caminho do *Yoga* delineado por *Patañjali* temos a *kriyā yoga (yoga* preliminar). E uma vez que a maioria dos aspirantes está nos primeiros estágios de seu desenvolvimento espiritual eles deveriam se preocupar mais com este treinamento preliminar, o qual é essencial, do que com os estágios mais elevados da cultura espiritual que ainda estão além de seu alcance. Portanto, um estudo completo da técnica da *upāsanā,* especialmente em relação ao *Gāyatrī,* será muito útil. Temos uma literatura muito rica e extensa em sânscrito sobre este assunto, mas infelizmente esta literatura trata principalmente dos procedimentos externos e dos mantras e muito pouco é esclarecido acerca dos princípios subjacentes a estes procedimentos ou de seus significados internos.

Seria quase desnecessário mencionar que é da maior importância que o *sādhaka* compreenda totalmente qualquer coisa que ele esteja fazendo, e que ele deve realizar de forma inteligente as várias operações envolvidas na *pūjā,* ao invés de realizá-las de uma maneira mecânica. É algo extraordinário como a compreensão mental do significado interno subjacente a uma técnica confere um novo sabor ao trabalho e transforma um exercício ou um ritual rotineiro e aborrecido num sublime e divino mistério. Não é necessário dizer que esse reavivar dessa cerimônia ou prática a torna muito mais interessante e, portanto, muito mais efetiva quanto à realização dos seus objetivos. As cerimônias e os mantras que são usados na *upāsanā* de *Gāyatrī* são bem conhecidas das pessoas interessadas neste assunto. Nosso propósito principal ao tratarmos delas é tentar obter um vislumbre dos seus significados internos.

CAPÍTULO VI

A NATUREZA DA PREPARAÇÃO

Já foi colocado que no período védico a *japa* era o principal, senão o único elemento da *upāsanā* de *Gāyatrī*. Gradualmente, outras práticas subsidiárias foram introduzidas para ajudar aqueles aspirantes que não estavam capacitados para obter qualquer benefício considerável usando apenas a *japa*. Algumas das mais importantes destas práticas subsidiárias têm como objetivo a "purificação" ou *shuddhi* dos veículos da consciência do *sādhaka*. Isso é necessário porque na *japa* e na meditação do *Gāyatrī* o *sādhaka* pede à *Gāyatrī Devī* pela Luz Divina que é derivada de *Savitā* e esta Luz tem que ser recebida na mente do *sādhaka*. Portanto, a mente deve estar numa condição adequada para receber esta Luz.

O que é esta mente por meio da qual contatamos tanto o mundo externo quanto a Realidade subjacente que é a base deste mundo externo? Não é fácil explicar a natureza da mente sem entrar em várias questões de natureza filosófica. Em termos gerais, pode-se dizer que a mente é um misterioso resultado da interação da consciência e da matéria. Sempre que a consciência funciona através de um veículo, o qual tem necessariamente uma base material, entra em ação a mente, sendo que o grau de sutilidade desta mente depende da densidade do material que compõe o veículo. A mente, portanto, depende para sua existência tanto da matéria quanto da consciência.

A consciência pura pode ser considerada como a Realidade que é indivisível, imutável e sem atributos. Assim, quando a consciência se manifesta nos diferentes planos dotados de diferentes tipos de atributos, devemos estar lidando não com a própria consciência, mas com diferentes graus de *chitta* ou mente. Os fenômenos dos planos superiores, especialmente aqueles a que nos referimos como "espirituais", são tão infinitamente mais gloriosos e sutis, quando comparados com aqueles do plano físico ou mesmo com aqueles dos planos suprafísicos mais grosseiros, que eles parecem acontecer na própria consciência. Mas, na verdade, eles ocorrem nos níveis mais sutis da mente, que são tão refinados que apenas a mais aguçada percepção pode distingui-los da consciência pura. Sob um ponto de vista altamente filosófico, toda expressão de consciência, não importa quão sutil ela possa ser, deveria ser considerada como um fenômeno mental, pois onde há forma e atributo há consciência condicionada, e consciência condicionada indica a presença de mente ou *chitta*. É verdade que a explicação acima não esclarece a natureza da própria mente, porém, tentar fazer isso significaria entrar em questões altamente filosóficas, o que não é possível neste contexto.

É possível compreender, pelo menos, que a percepção das verdades da vida superior em geral e do Ser Divino em particular com quem procuramos contatar na *upāsanā* de *Gāyatrī* depende da condição de nossos veículos, de quão puros e sensíveis eles são e da extensão em que eles podem refletir Sua Consciência em nossa mente.

Podemos nos deter por um momento nos fatores que determinam o reflexo da Consciência Divina em nossa mente e, portanto, determinam a nossa realização daquela Verdade Suprema que está oculta naquela Consciência. Ao tratarmos destes fatores o melhor que podemos fazer é buscarmos um outro tipo de ilustração, mudando agora da esfera da luz para a do som. Consideremos os fatores que determinam a qualidade ou perfeição da música produzida por um instrumento musical como a cítara. No que diz respeito ao instrumento, de que fatores depende a perfeição da música produzida por uma cítara? Ela também depende do músico, mas por agora deixemos o músico de lado para considerar apenas o instrumento. Se examinarmos esta questão cuidadosamente, veremos que a qualidade da música depende de três fatores: (1) o material das cordas; (2) a tensão à qual elas estão sujeitas e (3) a harmonização ou afinação das cordas umas em relação às outras.

Com relação ao primeiro fator, isto é, as ligas metálicas de que as cordas são feitas, pode-se ver de imediato que isso tem uma grande importância. Não se pode usar qualquer tipo de cordas na caixa de ressonância de uma cítara e obter as notas corretas. As ligas devem ser de um tipo especial, capazes de produzir as notas puras e delicadas com os necessários sobretons ou harmônicos, que imprimem aquela refinada qualidade à boa música instrumental. Em segundo lugar, as cordas devem estar submetidas a uma tensão específica, de tal modo que produzam as notas necessárias. Uma corda frouxa não pode produzir nenhum som. Ela precisa estar submetida a uma certa tensão e esta tensão deve ser muito bem ajustada a fim de produzir uma nota definida. O terceiro fator importante é a afinação do instrumento, a harmonização das notas umas com as outras. As necessárias notas podem ser produzidas pelas diferentes cordas, porém, se elas não estiverem adequadamente harmonizadas umas em relação às outras o efeito total será um som dissonante e não música.

Analogamente, a capacidade de nossos veículos para refletir a consciência superior ou para permitir a passagem das forças espirituais dos planos superiores depende de três fatores. Em primeiro lugar, da natureza do material que compõe os veículos; quanto mais sutil o material, mais facilmente o veículo pode responder às vibrações mais sutis dos planos superiores. No sistema hindu de classificação a sutilidade dos materiais é medida não em termos dos diferentes componentes que podem estar presentes, mas em termos de sua capacidade geral para responder aos diferentes tipos de vibrações mentais, emocionais ou espirituais. Como se sabe, todas as espécies de materiais estão divididas em três grandes grupos chamados de *rajásicos, tamásicos* e *sáttvicos.* Quanto maior for a predominância do material *sáttvico,* mais efetivamente o veículo pode servir como um instrumento para a consciência superior. O segundo fator é a sintonização da mente aos ideais superiores e isto corresponde à tensão das cordas no instrumento musical. Somente quando a mente do *sādhaka* estiver repleta de retas emoções e aspirações, quando existir um alto grau de autoentrega e a alma estiver ansiando pela união com seu *Ishta Devatā,* é que o Músico Divino pode tocar efetivamente nos veículos e com eles produzir uma excelente música. As vagas e fracas aspirações do *sādhaka* comum são como uma corda insuficientemente esticada que pode apenas produzir uma nota baixa e surda. O terceiro fator é a harmonização dos diferentes veículos entre eles mesmos. Todos eles devem não apenas estar sintonizados com os ideais mais elevados, mas também devem estar perfeitamente harmonizados entre si. Se os desejos arrastam o *sādhaka* em diferentes direções, se a intuição não aprova o que a mente decide, então, fatalmente haverá desarmonia e conflito interior e sua mente será como uma carruagem cujos cavalos puxam em diferentes direções. Todos os veículos devem estar sintonizados a um ideal, mesmo que este não seja o mais elevado, de modo que eles possam estar adequadamente harmonizados entre si.

Foi necessário nos determos neste ponto detalhadamente a fim de que o *sādhaka* pudesse ter uma ideia clara com relação a quais são as condições essenciais e fundamentais requeridas, no que diz respeito a seus veículos, para um progresso rápido. Estas condições devem ser buscadas e providenciadas tão adequadamente quanto possível, se ele for sério com relação à realização do seu objetivo central. Em parte, isso pode ser feito pelo desenvolvimento do seu caráter ao longo de linhas corretas e, além disso, pelas práticas preparatórias e purificatórias que formam uma parte integral da *upāsanā*. O problema deve ser atacado em duas frentes ao mesmo tempo por uma razão muito simples. O grau de pureza, sensibilidade e harmonização que ele é capaz de obter durante o período de sua prática diária dependerá em grande medida da condição de sua mente durante o resto do dia. Se a sua mente estiver engajada em muitas atividades indesejáveis e perturbadoras durante o dia, ele não pode esperar que ela se torne subitamente calma, sensível e harmonizada no momento em que ele senta para sua adoração diária. No que diz respeito a este aspecto, seu sucesso no momento da adoração dependerá quase que inteiramente da condição de sua mente e das atitudes que ele é capaz de manter durante o resto do dia.

Por outro lado, a temporária e parcial tranquilização e sensibilidade que ele é capaz de produzir no momento de sua prática diária necessariamente elevará em alguma medida o padrão geral da sua mente e do seu caráter, e contribuirá de uma maneira muito real para o seu progresso, desde que, é claro, ele se dedique seriamente e não realize as cerimônias de uma maneira rotineira. As forças que, nesta ocasião, fluem temporariamente dos planos superiores através dos seus veículos banham, por assim dizer, os veículos, afinando-os e harmonizando-os em alguma medida. Tais forças deixam nos veículos algum efeito residual duradouro que cumulativamente eleva o padrão geral de sua vida. Deste modo, um círculo virtuoso é estabelecido – se é que podemos usar esta expressão – de um lado, as práticas diárias elevam gradualmente o nível geral de sua mente e, de outro, o nível mais elevado assim obtido permite que o *sādhaka* eleve-se até um nível ainda mais alto de aspiração e posterior exaltação e iluminação no momento da *upāsanā* diária. O processo guarda uma semelhança com aquele da construção de um arranha-céu, no qual a finalização de cada pavimento sucessivo permite que todo o processo de construção seja transferido para o nível superior seguinte.

Não vamos entrar aqui no problema mais amplo e interessante da construção do caráter, isto é, da autodisciplina, do treinamento e do tipo de viver diário por meio dos quais o aspirante pode purificar e elevar gradualmente o nível geral de sua mente. Este problema, embora correlato e importante, pertence a uma esfera diferente da autocultura e foi tratado pelo autor na obra *Autocultura à Luz do Ocultismo.* Agora estamos preocupados com o outro fator, com a outra metade do trabalho de preparação que são as cerimônias e práticas empregadas na *upāsanā* para dar um estímulo temporário e repetido à nossa vida espiritual, de modo que o nível de nossa vida comum possa ser gradual e constantemente elevado e que possamos ser capazes de expressar a Vida Divina e refletir a Divina Consciência numa medida sempre crescente.

Ao considerarmos estas práticas subsidiárias temos que estar atentos para dois fatos importantes. O primeiro deles é que nosso sucesso na invocação das forças e poderes superiores por meio destas práticas depende de nossa fé ou *shraddhā,* do grau de nossa convicção ou realização acerca da sua existência, e da seriedade com que nos aproximamos do problema. Isto não significa que todo o processo da *upāsanā* seja um fenômeno subjetivo, uma espécie de autoilusão que criamos para escapar das tensões e pressões da vida. A fé real aqui mencionada não é o que as pessoas geralmente pensam que ela é – uma crença ingênua em algo que não conhecemos diretamente. Ela é, isto sim, a percepção intuitiva de uma realidade dentro de nós, a qual ainda não podemos contatar diretamente. É bem verdade que um tolo pode tomar todo tipo de superstições e crenças como sendo inspirações intuitivas, porém estas são coisas extremamente diferentes e aqueles que têm experiência com a intuição não podem confundir uma com a outra. Se um aspirante é capaz de confundir a voz do desejo com aquela da intuição, então ele terá que sofrer as consequências desta confusão e aprender através da experiência e da purificação a distinguir entre as duas.

Geralmente há uma dúvida subconsciente na mente do *sādhaka* a respeito da eficácia destas práticas e esta própria dúvida age como uma barreira entre ele e a fonte das forças que ele invoca. Uma vez que a real e perfeita fé pode advir tão somente da experiência e como, em geral, nenhuma experiência real é possível para uma mente em dúvida, tal pessoa parece estar realmente envolvida num círculo vicioso. O único modo de romper este círculo vicioso é pensar profunda e constantemente sobre estes problemas, voltar repetidamente e examinar com uma mente aberta as verdades fundamentais da vida espiritual e, deste modo, gerar a fé suficiente para ser capaz de realizar as práticas pelo menos com seriedade e sinceridade. Com toda certeza, embora lentamente, o círculo vicioso será substituído por um círculo virtuoso, a intuição interior começará a se manifestar, dando ao *sādhaka* aquela fé indômita ou *shraddhā* a qual nada pode abalar.

O segundo fato para o qual devemos estar atentos é que a imaginação é de grande auxílio nestas questões e deve ser utilizada, tanto quanto possível, para aumentar a eficácia destas práticas religiosas. A imaginação é um dos mais importantes e eficazes instrumentos mentais que possuímos, não apenas para obter sucesso no campo da Ciência e da arte, mas também naquele da *upāsanā*.

É verdade que as forças e realidades com as quais o aspirante neste caminho tem que lidar são intangíveis e estão além do reino da mente, porém a mente não pode operar num vazio e quando tratamos com estas coisas no plano da mente ele pode usar sua imaginação. Isto explica o fato de nossos *Rishis* terem adotado e desenvolvido a arte do simbolismo. Eles queriam que o *sādhaka* tivesse a vantagem tanto de usar sua imaginação, quanto de manter-se em contato com as realidades e verdades que estes símbolos e alegorias procuram expressar. Qualquer um que entenda a simbologia das *Devīs* e dos *Devatās* sabe que instrumento maravilhoso é o simbolismo, por poder combinar imaginação e realidade. Enquanto o *sādhaka* não tiver entrado no reino da realização e obtido contato direto com estas realidades ele não pode se permitir dispensar os símbolos. Um número muito grande de pessoas mal orientadas desnecessariamente nega a si mesmo a vantagem de usar sua imaginação, e permitem que a corrente de sua devoção seque completamente no deserto das áridas abstrações intelectuais.

Isto não significa, é claro, que o *sādhaka* possa permitir que sua imaginação fique desenfreada e que ele comece a viver num mundo de faz-de-conta, divorciado das inflexíveis e rigorosas realidades da vida espiritual. Ele tem que usar sua imaginação de uma maneira inteligente e controlada, e é isso o que as alegorias e os símbolos fornecidos por nossos sábios nos *Purānas* ou crônicas antigas o capacitam a fazer. Com essa introdução estamos agora melhor equipados para compreender mais claramente o significado interno de algumas das práticas preparatórias que são parte integrante de todos os tipos de *upāsanā*.

CAPÍTULO VII

O MANTRA *VINIYOGA*

A palavra mantra é usada em sânscrito em muitos sentidos. Ao discutir a teoria do Mantra *Yoga* a palavra foi usada num sentido especial: uma combinação particular de letras que tem oculto dentro dela um misterioso poder de gerar certos resultados, ao ser usada de uma determinada maneira. Mas a grande maioria dos mantras não pertence a esta categoria. Um mantra pode conter meramente uma simples prece cujo efeito depende apenas dos pensamentos ou das emoções que ele pode evocar e não dos sons produzidos ao entoá-lo. Um mantra deste tipo pode ser traduzido para outro idioma sem perder seu poder, enquanto que um mantra pertencente à primeira categoria não pode ser traduzido. A palavra mantra também é usada, num sentido ainda mais amplo, como um texto sagrado. De fato, todos os hinos dos Vedas incluídos nos *Samhitās,* em distinção aos *Brāhmanas,* são chamados de mantras. O estudante deveria ser capaz de distinguir entre estes diferentes tipos de mantras, embora algumas vezes possa ser difícil dizer a qual classe um determinado mantra pertence.

Os mantras que são usados na *upāsanā* de *Gāyatrī* são bem conhecidos das pessoas que estão familiarizadas com as escrituras hindus. Nosso principal objetivo ao tratar de tais mantras é tentar entender em alguma medida seus significados internos.

Ao recitar mantras védicos que são usados na *upāsanā,* a prática usual é recitar antes um outro mantra, genericamente chamado de mantra *viniyoga,* no qual se indica o *Rishi,* a métrica (*chandas*), a Deidade (*Devatā*) e o propósito para o qual aquele mantra é usado. O que significam estes nomes? O *Rishi* de um mantra é aquele determinado Sábio ou Adepto que descobriu, ou melhor, construiu o mantra usando seu conhecimento dos poderes latentes nas letras que constituem o mantra, bem como do efeito total produzido pelos sons em nossos veículos. Todos nós sabemos que no campo da Ciência o nome do descobridor de uma lei científica, ou do inventor, é em geral associado com aquela lei ou invenção e a lei costuma levar seu nome. Analogamente, no reino do ocultismo sempre relembramos o *Rishi* que construiu o mantra ou o obteve de uma fonte ainda mais elevada. Mas quando recitamos o mantra *viniyoga* relembramos o *Rishi* não apenas como uma prova da nossa gratidão, mas principalmente para nos colocarmos em contato com Ele, Dele recebendo força e inspiração. Todos estes *Rishis* são grandes Adeptos que ainda estão vivendo, quer no plano físico em locais inacessíveis, quer nos planos suprafísicos.

A Libertação ou *Jīvanmukti* não significa a liquidação do *Jīvātmā* (alma individual), como muitas pessoas imaginam, mas sim uma tremenda expansão de consciência que capacita o Adepto a manter-se em constante contato com tudo que está acontecendo no Sistema Solar. Um pensamento ou uma aspiração a Ele dirigidos obterão Dele uma resposta, na proporção da nossa seriedade e espírito de reverência. Uma mera repetição mecânica do mantra *viniyoga,* que é a prática usual, nada produz, é claro, a não ser uma vibração sonora. Podemos nos questionar como o pensamento do *sādhaka* alcança o *Rishi,* uma vez que ele não conhece o *Rishi* nem sabe onde ele vive. Deveríamos nos lembrar que nos planos sutis do pensamento há uma misteriosa relação entre as coisas, e o mantra e seu *Rishi* estão relacionados de uma maneira especial. Uma das consequências deste relacionamento é que qualquer um que use o mantra pode estabelecer uma relação com o *Rishi* do mantra. Quando o discípulo direciona seu pensamento a um verdadeiro Guru, seu pensamento instantaneamente alcança o Guru, mesmo que o discípulo não saiba onde seu Guru está naquele momento ou o que ele está fazendo. Nós não precisamos do endereço de uma pessoa ou de toda a estrutura dos correios para lhe enviar um pensamento. A consciência dos *Rishis* de alguns destes mantras funciona em níveis ainda mais elevados. Eles são *Devatās* e suas consciências estão em contato ainda mais íntimo com as consciências de todos os *Jīvātmās* nos planos internos. Neste caso, é ainda mais fácil para o *sādhaka* alcançar o *Rishi* e para este último enviar em resposta Sua inspiração e bênçãos. Quanto mais elevado o estado de consciência de um indivíduo, mais fácil é alcançá-lo. O mais fácil de alcançar é o Logos Solar, o qual ocupa a mais elevada posição e cuja Consciência penetra todas as coisas no Sistema Solar. O *sādhaka* deve desenvolver este tipo de percepção e de intimidade com estas coisas mais sutis e não meramente acreditar nelas de modo teórico e sem entusiasmo.

A métrica de um mantra define o tipo de sua estrutura, sendo que existe um grande número destes tipos. O número desempenha o papel mais importante na Ciência da métrica, porque ele subjaz à forma e determina a natureza do som. Como vimos na teoria do Mantra *Yoga,* considera-se que todo o universo manifestado está fundamentado na vibração e é por isso que é possível produzir todo tipo de mudanças na matéria e na consciência por intermédio do som. Como o som é essencialmente vibração, é fácil ver por que o número e a entonação têm um papel tão importante na construção e no uso dos mantras.

A Ciência das métricas, tal como existe hoje, é uma Ciência que está praticamente perdida. Todo conhecimento verdadeiro desapareceu ou foi recolhido pelos *Rishis* (considerando as condições prevalescentes no *Kali Yuga*) e tudo que restou foi um conjunto de regras gramaticais. Mas embora a Ciência tenha desaparecido, as leis da natureza nas quais ela está fundamentada não desapareceram e, portanto, ainda é possível obter resultados por meio do uso de mantras, desde que estes sejam usados do modo correto. Sabemos que no reino da Ciência podemos usar certas forças de uma maneira empírica, sem nada conhecer a respeito dos princípios subjacentes ao funcionamento destas forças, desde que conheçamos as condições sob as quais estas forças operam. Se uma pessoa conhece a fórmula exata para preparar qualquer composto químico, ela pode obter o composto mesmo sem saber nada de química. Portanto, não precisamos conhecer a Ciência das métricas para sermos capazes de usar os mantras efetivamente.

O *Devatā* de um mantra é a manifestação específica da Consciência Divina cujo poder buscamos expressar por meio do mantra e com cuja Consciência o *sādhaka* quer unir sua própria consciência na *japa.* Geralmente Ele é o *Ishta Devatā* do *sādhaka,* mas há certos mantras cujo objetivo é tão somente promover certas mudanças nos veículos ou no meio ambiente e nesses mantras a questão da união não está presente. Nesses casos, o *Devatā* do mantra é a manifestação específica da Consciência Divina que provê o poder para estas mudanças. O direcionamento da mente para o *Devatā* coloca o *sādhaka,* de certo modo, em contato com a fonte daquele poder e ele pode obter tanta força quanto sua capacidade e sua atitude o permitam.

Podemos ver que ao recitar o mantra *viniyoga* o *sādhaka* não apenas se recorda do propósito do mantra e de sua estrutura, mas também direciona sua mente para dois seres distintos, os quais por meio de suas respostas podem fornecer dois tipos diferentes de forças para tornar mais efetivo o trabalho que ele está executando. Muitos *sādhakas* acham tudo isso um tanto confuso. Neste caso o melhor é considerar todos estes seres como diferentes funções do mesmo Ser Divino, o que na verdade eles são. De fato, este tipo de atitude é não apenas permitida, mas também altamente desejável, porque ela eleva a mente a um nível superior.

No que diz respeito ao mantra *viniyoga* do *Gāyatrī*, com o qual os *sādhakas* na Índia geralmente estão familiarizados, este consiste de três partes ou subdivisões. A primeira parte trata do *Pranava*, a segunda parte dos *Mahā Vyāhritis* e a terceira trata do próprio mantra *Gāyatrī*. Os *Rishis* do *Pranava*, dos *Mahā Vyāhritis* e do mantra *Gāyatrī* são *Brahmā*, *Prajāpati* e *Vishvāmitra*, respectivamente. *Prajāpati* e *Vishvāmitra* também são nomes de *Brahmā*, o Criador, um membro da Divina Trindade hindu e, portanto, o *Rishi* de todo o mantra *Gāyatrī* de fato deve ser considerado como sendo *Brahmā*. Isto é bastante compreensível considerando-se a natureza do poder que se afirma estar oculto no mantra *Gāyatrī*. Apenas Aquele que criou o mundo poderia dotar o mantra com o poder necessário para libertar um *Jīvātmā* da suprema ilusão deste mundo. Algumas pessoas identificam *Vishvāmitra* com o bem conhecido *Rishi* dos *Purānas*. Isto não parece ser provável em vista da razão dada acima.

Então, com relação à métrica (*chandas*) do mantra *Gāyatrī*, a métrica do *Pranava* é *gāyatrī*, aquelas dos três *Mahā Vyāhritis* são as métricas conhecidas como *gāyatrī*, *ushnik* e *anushtup* e a métrica do mantra *Gāyatrī* principal é *gāyatrī*. Sendo *gāyatrī* a mais elevada das métricas, naturalmente ela serve como o veículo de *Pranava*. Vimos no capítulo IV que os três *Mahā Vyāhritis* são os *bīja* mantras das Deidades Dirigentes dos três planos inferiores (*prithvī*, *antariksha* e *svarga*), e a métrica do mais importante deles, isto é, o plano físico, é novamente *gāyatrī*. Vemos assim que a métrica de todas as três partes do mantra *Gāyatrī* é *gāyatrī*, com exceção dos segundo e terceiro *Mahā Vyāhritis*. De um modo geral, portanto, pode-se considerar *gāyatrī* como sendo a métrica do mantra como um todo.

Tratando-se dos *Devatās* do mantra *Gāyatrī*, o *Devatā* do *Pranava* é *Agni*, os dos *Mahā Vyāhritis* são *Agni*, *Vāyu* e *Āditya* e o do mantra *Gāyatrī* principal é *Savitā*. É fácil ver por que *Savitā* é o *Devatā* do mantra *Gāyatrī* principal. Ele é o Logos Solar cuja Suprema Consciência permeia o Sistema Solar e é a meta dos esforços do *sādhaka*. Por que *Agni* é o *Devatā* do *Pranava*? Um vislumbre acerca da resposta desta questão pode ser obtido se nos lembrarmos do fato que *Agni* é aquele *tattva* que tem com sua principal função a queima ou eliminação das coisas manifestadas. A doutrina dos *tattvas* é uma das mais sutis concepções da filosofia hindu e não pode ser aqui tratada em sua totalidade. Será suficiente mencionar que os *tattvas* são aqueles princípios fundamentais operando na Natureza, por meio dos quais as funções da Consciência Divina são exercidas e por meio dos quais torna-se possível o funcionamento efetivo de todo o mecanismo do universo manifestado. Eles são universais e a tudo penetram e, no entanto, podem parecer diferentes quando operando em diferentes níveis e em diferentes esferas, embora tenham sob todas as condições as mesmas qualidades essenciais.

Tomemos por exemplo o *Agni tattva*. A qualidade essencial deste *tattva* é "queimar" e assim purificar ou converter numa forma mais sublime. Contudo, podem ser "queimadas" neste sentido sutil coisas de categorias completamente diferentes. Assim, a madeira pode ser queimada pelo fogo físico comum, a comida pode ser "queimada" ou consumida e convertida em suas formas mais sutis *(rasas)* no corpo físico pelo fogo gástrico ou *jatharāgni*. Quando a memória do passado vai para o esquecimento não deixando nenhum vestígio, através do inevitável processo do tempo, denominamos a causa do processo *Kālāgni* ou Fogo do Tempo. Quando a ignorância, usando a palavra em seu mais alto sentido filosófico, é destruída pelo conhecimento da Realidade, o agente é novamente referido como o Fogo do Conhecimento. Podemos observar que em todas estas diferentes condições ocorre o mesmo processo essencial e que o princípio por detrás do processo é conhecido como *Agni.* Aquele aspecto da Consciência Divina que controla e manipula o *tattva,* em diferentes níveis e em diferentes esferas de funcionamento, é chamado *Agni Devatā.*

Se a ideia por detrás dos *tattvas* foi compreendida, pode-se ver de imediato porque *Agni* é o *Devatā* tanto do *Pranava* quanto do primeiro *Mahā Vyāhriti. Pranava* tem como seu supremo e mais elevado objetivo o queimar de *ajñāna* ou ignorância, a qual envolve a alma individual na existência ilusória ou *samsāra* e, portanto, ele naturalmente deriva seu poder de *Agni* em Sua mais elevada função de destruidor da ilusão. Também não deveria haver nenhuma dificuldade para se compreender porque o *Devatā* do primeiro *Mahā Vyāhriti* é *Agni.* Qual é o maior purificador, a maior fonte de todos os tipos de energias físicas no plano físico? Trata-se, é claro, do Sol físico. E o que é o nosso Sol senão uma tremenda manifestação de *Agni* em sua forma física? Portanto, temos aqui uma notável ilustração do mesmo *tattva* operando tanto em seu nível mais elevado quanto em seu nível inferior e ambas as funções sendo utilizadas no mesmo mantra![2]

---

2 Cabe notar aqui que *Agni* é uma palavra sânscrita que tem muitos significados diferentes, embora de certo modo correlacionados. Neste sentido, podemos ler no "Glossário Teosófico" de H. P. Blavatsky que *Agni* pode significar: *"O fogo, e também o Deus do Fogo nos Vedas; o mais antigo e venerado dos Deuses da Índia. É uma das três grandes divindades: Agni, Vāyu e Sūrya, e também as três em conjunto".* (p.20, edição Kier). Logo a seguir Blavatsky menciona que *Agni, Vāyu* e *Sūrya* compunham a primitiva *Trimūrti* (trindade) védica, antes que surgissem as denominações de *Shiva, Vishnu* e *Brahmā. Agni,* portanto, designava tanto *Īshvara* (ou o Logos do Sistema Solar), quanto a primeira Pessoa da Trindade. Uma vez que *Pranava* é o *vāchaka* (expressão) de *Īshvara,* naturalmente, a designação de *Agni* como *Devatā* do *Pranava* no mantra *viniyoga* do *Gāyatrī* (o qual procede dos tempos védicos) diz respeito ao nosso Logos Solar. Já como *Devatā* do primeiro *Mahā Vyāhriti* é ao aspecto *Shiva* que *Agni* se refere. Além disto, *Agni,* como já foi visto, também significa um dos grandes *Tattvas* ou expressões fundamentais da Consciência Divina. (N. T.)

Os *Devatās* do segundo e do terceiro *Mahā Vyāhritis* são *Vāyu* e *Āditya* (ou *Sūrya,* o Sol). Estes também são as Deidades Dirigentes dos *tattvas* que operam predominantemente nestes dois planos. Assim, *Vāyu* que se faz presente no plano físico como o estado gasoso da matéria, no plano mais sutil seguinte se faz presente como *prāna vāyu* ou vitalidade. Uma vez que o plano astral, chamado na religião hindu de *antariksha* ou mundo intermediário, é a sede da vitalidade e é por meio da instrumentalidade de *prāna vāyu* que ocorre a percepção das sensações, não é difícil ver por que *Vāyu,* que controla o *Vāyu tattva,* deve ser o *Devatā* do segundo *Mahā Vyāhriti.* O *tattva* predominante no plano mental ou *svarga,* o plano da luz ou percepção mental, é o *Tejas tattva.* A luz pode ser física, mental ou espiritual. A luz física nos permite ver os objetos físicos através da percepção visual. A luz mental nos permite compreender ideias e resolver problemas. A luz espiritual nos permite conhecer as realidades supramentais do mundo espiritual. Com frequência dizemos "me veio a luz", quando queremos dizer que compreendemos um problema. Portanto, o terceiro *Mahā Vyāhriti,* o qual está relacionado com o plano mental, naturalmente tem *Āditya* como seu *Devatā.*

A *upāsanā* de *Gāyatrī* tem como seu objetivo a percepção de verdades nos níveis mais profundos de nossa consciência. A percepção envolve todos os três *tattvas*[3] – *Agni* quanto à vibração, *Vāyu* quanto à sensação e *Tejas* quanto à percepção mental ou espiritual. Assim, todos os três *Devatās* devem ser invocados para obter-se percepção espiritual ou desenvolvimento de nossa consciência.

3 Nesta passagem o autor "parece referir" por *Agni* ao primeiro e mais elevado dos cinco *tattvas* que é *Ākāsha,* o qual está relacionado com a vibração, o som, a audição, etc. (N. T.)

CAPÍTULO VIII

SHUDDHI

A técnica da *upāsanā* está contida numa extensa e variada literatura que é parte das escrituras hindus. Não é possível tratarmos de todos os aspectos deste assunto neste livro. Podemos apenas tratar de algumas poucas práticas bem conhecidas e geralmente usadas, a fim de ilustrar as profundas verdades que estão inseridas nestas práticas e de mostrar como uma melhor compreensão destas verdades subjacentes pode enriquecer e aumentar a eficácia destas práticas. Trataremos primeiramente de algumas poucas cerimônias que são geralmente usadas para iniciar a adoração ou *samdhyā*. Estas têm por objetivo sustar, pelo menos durante o período da adoração, todos os pensamentos que distraem e perturbam a mente, bem como sintonizar os veículos inferiores às forças e aos poderes que são subsequentemente invocados. Estas cerimônias são chamadas de "purificatórias", mas a palavra purificação deve ser considerada num sentido mais amplo que inclui o processo de sensibilização, harmonização e magnetização. Há um chamamento à atenção dos veículos que, por assim dizer, ficam alertas e prontos para, primeiramente, invocar os poderes superiores com o devido espírito de reverência e autoentrega e, então, para receber sem qualquer resistência as forças que fluem para dentro dos veículos em resposta à invocação. Vamos agora considerar três mantras que são frequentemente utilizados para este propósito. O primeiro destes bem conhecidos mantras é:

ओं अपवित्रः पवित्रो वा सर्वावस्थां गतोऽपि वा ।
यः स्मरेत् पुण्डरीकाक्षं स बाह्याभ्यन्तरः शुचिः ॥

Om apavitrah pavitro vā sarvāvasthām gato 'pi vā
yah smaret pundarīkāksham sa bāhyābhyantarah shucih

"Em qualquer condição que esteja um homem, quer pura ou impura, ele se purifica, tanto externa quanto internamente, no momento em que volta sua mente para *Vishnu,* Aquele que tem olhos de lótus".

A maioria das pessoas que recitam este simples mantra, em sua adoração diária ou por ocasião de cerimônias especiais, o fazem sem ao menos enviar um breve pensamento ao grande Senhor, de modo que eles não preenchem a condição tão simples, que está expressamente colocada no próprio mantra, para torná-lo efetivo. É impressionante a maneira negligente como realizamos estas cerimônias, fato que inclui até mesmo os *pundits* letrados e os altos sacerdotes que clamam ser os guardiões de nossas tradições religiosas. Nem eles, nem aqueles que os pagam para executar estas cerimônias esperam qualquer coisa diferente do que isso, e assim toda a estrutura da nossa vida religiosa tornou-se quase totalmente vazia e desvirtuada. Ela perdeu a maior parte de sua vitalidade e mantém apenas sua forma externa pelo mero impulso das tradições, da cultura e dos hábitos que nos foram transmitidos do passado. Não é de admirar que ela tenha cessado de atrair e inspirar as gerações mais jovens, que estão cada vez mais absorvendo o espírito da Ciência e que podem perceber a falsidade e falta de vitalidade deste ritualismo.

A causa fundamental deste deplorável estado de coisas que prevalece na vida religiosa dos hindus é a falta de uma verdadeira fé nestas coisas que professamos de uma maneira vaga e sem entusiasmo. Quando até mesmo um *pundit* erudito, que conhece bem o significado do mantra acima mencionado e que está familiarizado com nossas escrituras sagradas, o recita dia após dia sem ao menos enviar um único pensamento ao Senhor do mundo, isto só pode significar que, ou ele não acredita que o grande Senhor reside no coração de todo ser humano, ou que ele possa se purificar por meio da recitação do mantra e do direcionamento de seu pensamento aos pés de lótus do grande Senhor. Todos nós afirmamos, é claro, que acreditamos na natureza todo-abarcante do Ser Supremo, o que implica em que Ele seja a eterna testemunha de tudo que acontece em nossa vida e em nossa mente. Mas nós acreditamos realmente nestas coisas? Não! Ninguém pode acreditar nestas coisas e continuar fazendo coisas erradas, quer seja aberta ou secretamente. Ninguém pode acreditar nesta verdade profunda e continuar a dar todo seu tempo e energia à busca de coisas do mundo externo, ignorando Aquele que ocupa o templo do seu coração e que é a fonte da real felicidade. Como já vimos, a fé pode ser de dois tipos, a pseudofé baseada apenas na mente e a verdadeira fé baseada em *Buddhi*. A primeira não está necessariamente relacionada com a nossa vida e com as nossas ações. A segunda não pode ser divorciada de nossa vida e de nossas ações. E é por isso que às vezes recitamos este mantra, sem nem ao menos nos darmos ao trabalho de enviar um pensamento momentâneo ao Senhor.

Por outro lado, a crença de que enviando seu pensamento ao Senhor o indivíduo se torna imediatamente purificado e livre de todos os pecados é igualmente falsa. Por acaso ele não recita este mantra dia após dia e permanece exatamente o mesmo, com todas as suas fraquezas e impurezas intocadas? Como ele não vê nenhuma mudança apreciável em si mesmo, não é de surpreender que sua descrença na eficácia do mantra seja ainda mais reforçada, embora ele possa vagamente continuar acreditando que o mantra deva lhe conferir algum benefício espiritual.

Será então que isto significa que a simples e inequívoca afirmação feita no mantra não é verdadeira? De modo algum, desde que entendamos o real significado das palavras. Tomadas em seu significado superficial, além do qual a maioria das pessoas não se preocupa em ir, a afirmação parece ser um daqueles exageros que são abundantes em nossa antiga literatura. Como pode ser possível que uma pessoa se purifique repentinamente pelo mero direcionamento de sua mente a Deus? Não há uma lei de causa e efeito? Pode uma transformação tão grande e fundamental ser o resultado de um mero pensamento? Ninguém em sã consciência poderia acreditar realmente em tal coisa. Então, o que é que significa a afirmação no mantra? Simplesmente isto: que enquanto nossa mente estiver voltada em direção ao Senhor ela recebe a benção de suas influências purificadoras e harmonizadoras. O Sol é o maior agente purificador que conhecemos no plano físico. Se há um quarto escuro cheio de todo tipo de germes, o abrir de uma janela deixará a luz do Sol entrar e pela gradual destruição dos germes purificará o quarto. Este é um processo natural, porém requer algum tempo. Ninguém espera que simplesmente abrindo a janela por um minuto e fechando-a novamente o quarto tenha se tornado completamente purificado. Analogamente, quando voltamos nossa mente ao Senhor, nos colocamos em contato com as correntes purificadoras que estão constantemente Dele emanando nos diferentes planos, as quais são às vezes referidas simbolicamente como Ganges, Yamuna, etc. Uma ilustração simples pode nos ajudar a entender este fenômeno. Se temos uma fonte de luz A e mantemos uma xícara voltada para longe da luz como em B, ela não receberá luz. Quando a xícara é voltada em direção à luz, como em C, ela receberá a luz, sendo que a quantidade de luz recebida dependerá de sua inclinação.

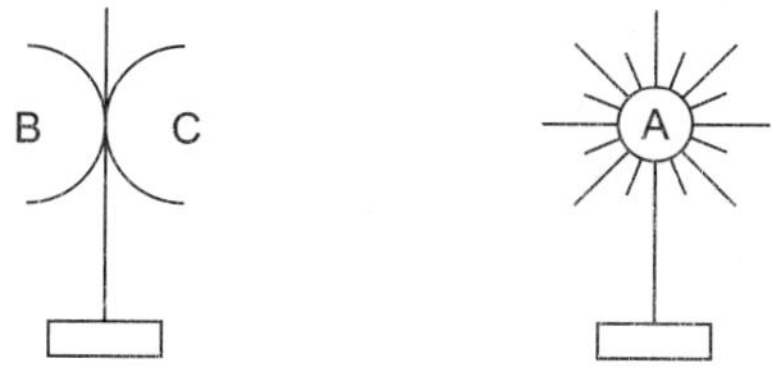

Uma mente pode estar em dois estados em relação à fonte de consciência que a ilumina de dentro, isto é, Deus. Estes dois estados são chamados *pratyak chetanā* e *parāng chetanā* em sânscrito. No primeiro estado, a mente está voltada para dentro ou em direção à fonte de consciência. No segundo estado, ela está voltada para fora ou em direção oposta àquela fonte, como mostra a figura seguinte.

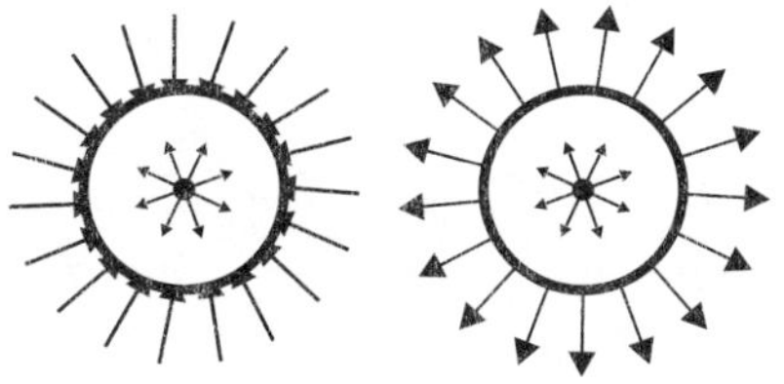

Enquanto a mente estiver voltada para dentro, ela estará exposta às correntes purificadoras que estão sempre emanando da Vida Divina e poderá assimilar estas forças de acordo com sua capacidade, a qual depende de muitas coisas, tais como o grau de concentração, fé, autoentrega, etc. O fato de que estas correntes purificadoras e espiritualmente vitalizantes afetam a mente enquanto ela está voltada em direção a elas não significa, nem poderia significar, que a mente se torna completa e instantaneamente purificada no momento em que se volta para elas. Esperar por isso seria um absurdo e a experiência desmente esta expectativa. Vista sob esta ótica, a afirmação feita no mantra em questão é perfeitamente lógica e não contém nenhum elemento de exagero. Ela meramente especifica a condição que precisa ser preenchida para que o mantra possa ser efetivo. Ela também mostra, indiretamente, como a eficácia do mantra pode ser aumentada e como temos à nossa disposição um meio simples de purificação da nossa natureza inferior: manter a mente verdadeira e constantemente voltada para Ele. Isto é o que os santos hindus chamam de *smarana* ou de recordação.

Vamos agora passar para o próximo mantra, o qual também é frequentemente usado na *upāsanā* com o propósito de purificação. Enquanto que o mantra anterior é simples e de uma natureza elementar, o mantra que iremos agora considerar envolve uma ideia mais complexa e leva a mente do *sādhaka* a um nível superior de pensamento.

ॐ तद्विष्णोः परमं पदं सदा पश्यन्ति सूरयः
दिवीव चक्षुराततम् ॥

Om, tad visnoh paramam padam sadā
pashyanti sūrayah divīva caksur ātatam.

"Aquela morada mais elevada de *Vishnu* sempre é vista pelos homens sábios como um olho que tudo vê nos céus".

Aqui outra vez a mente é dirigida ao Grande Senhor que é o Supremo Purificador, porém é dirigida de uma maneira mais definida. No mantra anterior a mente também é dirigida ao Senhor, mas o *sādhaka* ficava livre para conceber o Senhor sob qualquer forma que desejasse. Ele poderia imaginá-Lo na forma simbólica usual com instrumentos como o *gada, padma,* etc. Ou em qualquer das formas dadas nas histórias dos *Purānas.* Mas no mantra em questão o Senhor tem que ser concebido como a Consciência todo-abarcante, aquele supremo estado de Verdade, Conhecimento e Bem-aventurança, com o qual o Iogue entra em contato quando alcança a Autorrealização. Sabemos, é claro, que este não é um estado que pode ser compreendido pela mente humana comum. É um estado que é conhecido pelo *Siddha Purusha* ou Homem Perfeito. Mas o mero esforço de dirigir a mente para aquele supremo estado, que está oculto dentro do nosso coração, eleva o nível vibratório e ocasiona um influxo de forças daquele elevado plano, que corresponde àquele Supremo Estado, para dentro da mente. Há uma lei que todos os *sādhakas* precisam compreender plenamente. Uma relação imediata é estabelecida entre a mente e aquilo que ela pensa, e este contato misterioso, que ocorre em diferentes graus de intensidade, causa um fluxo de forças para dentro da mente, o qual a torna cada vez mais semelhante ao objeto do pensamento. Há um famoso mantra no *Chāndogyopanishad* que diz:

> "O homem é uma criatura com a capacidade de refletir sobre qualquer coisa nesta vida, nisso ele se transformará mais adiante; portanto, que ele reflita sobre *Brahman*".
>
> (III-14-1)

Deste modo, por meio do simples pensamento naquele Supremo Estado, embora não O conheçamos, estabelecemos temporariamente com Ele um contato indireto e parcial, Dele obtemos força e inspiração, bem como nos aproximamos Dele. Aquilo que o iniciante tem que fazer uma vez, temporariamente, no momento da *upāsanā,* ou seja, direcionar a sua mente para aquele Estado, o *sādhaka* avançado tem que fazer continuamente em sua *japa, smarana* ou *bhāvanā (Yoga-Sūtras*, I-28), até que ele também alcance a Autorrealização e, como os Sábios, "veja" aquele Estado direta e constantemente.

O símile usado no mantra foi escolhido para dar pelo menos uma pálida ideia daquele Estado de Realidade Todo-abarcante, do qual a pessoa Autorrealizada torna-se consciente "como o olho que tudo vê nos céus". Nenhum símile terreno pode de modo algum dar qualquer ideia real com relação àquele Estado Supremo, o qual somente pode ser conhecido por meio da percepção direta, dentro das profundezas da nossa própria consciência. Mas o símile usado sugere três fatos profundos com relação àquele estado. (1) É uma questão de realmente ver ou perceber (*pashyanti*) e não de crer ou imaginar. (2) A visão não é obstruída, isto é, naquele Estado nada está oculto da visão, há um apercebimento de tudo. (3) Há simultaneidade ou conhecimento de tudo ao mesmo tempo. É uma visão sintética, que tudo vê ao mesmo tempo, como de um avião e não uma coisa após a outra como de um trem. A palavra *sadā* significa "sempre" ou "sem interrupções" e implica que o apercebimento da Realidade esteja presente todo o tempo na consciência do *Purusha* Autorrealizado, e é contra o pano de fundo deste apercebimento que ele vê o mundo do Tempo e do Espaço se desenrolando ante sua visão.

Examinemos, então, o terceiro mantra que, por sua vez, está composto por quatro mantras. Este conjunto é chamado de mantra *Bhūta Shuddhi.* Estes quatro mantras constituem um dos melhores conjuntos de mantras existentes na literatura relacionada com a técnica da *upāsanā,* não apenas devido ao seu profundo significado, mas também porque eles corporificam em poucas palavras a essência da técnica por meio da qual o *Jīvātmā* realiza sua unidade com *Paramātmā.* Sua beleza reside no fato de que eles combinam numa sentença, a qual é tanto um mantra quanto uma prece, não apenas o mais alto ideal do *sādhaka,* mas também a técnica mais claramente definida por meio da qual aquele ideal é realizado nos últimos ou derradeiros estágios.

Antes que possamos apreciar o profundo significado destes mantras, é necessário nos recordarmos de alguns fatos ocultos bem conhecidos, com relação ao mecanismo que governa e coordena nossa vida nos diferentes planos. Este mecanismo tem que ser utilizado quando o trabalho preliminar do *sādhaka* foi concluído, e ele está apropriadamente qualificado para empreender a tarefa final de libertar sua consciência das limitações e ilusões dos planos inferiores.

Sabe-se que cada *Jīvātmā,* embora sendo essencialmente um "raio" do Sol Espiritual que permeia e mantém o Sistema Solar, funciona em todos os planos do Sistema Solar com o auxílio de um conjunto completo de veículos. Estes veículos – tanto físicos quanto suprafísicos – interpenetram uns aos outros e são integrados num todo coordenado pelo raio da Consciência Divina. Este raio atravessa os veículos e os une como se fossem, por assim dizer, as contas de um colar, de um lado dando-lhes energia e vitalidade e, de outro, servindo como uma ponte da consciência entre o externo e o interno. As ideias acima mencionadas podem ser simbolicamente representadas pelo seguinte diagrama:

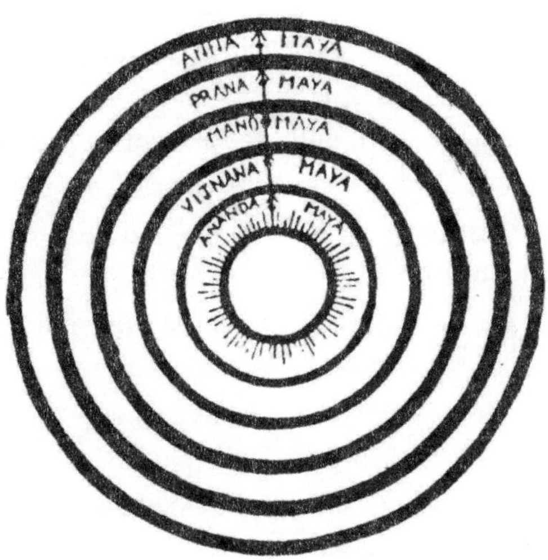

Agora, o ponto importante que devemos ter em mente com relação aos veículos utilizados por cada *Jīvātmā* é que cada um destes veículos, seja físico ou suprafísico, é como uma máquina perfeitamente projetada, movida por forças de diferentes tipos que agem de acordo com leis naturais definidas, como no caso do corpo físico. As pessoas quando pensam nestes veículos mais sutis esquecem que eles também estão dentro do reino todo-abarcante das leis naturais, muito embora ainda não conheçamos completamente as leis que governam os veículos mais sutis. Também é necessário lembrar que estes veículos, pertencentes a diferentes planos, não operam independentemente, mas sim em perfeita coordenação. Os inferiores estão conectados uns aos outros por mecanismos algo semelhante a válvulas, os quais são chamados de *Chakras*. Estes, quando ativados, permitem à consciência passar para cima e para baixo, da periferia para o centro e vice-versa. Restringindo-nos ao veículo mais baixo e mais externo, isto é, o corpo físico, deveríamos notar que há neste corpo um determinado mecanismo, o qual é a sede desta comunicação interveicular, e que é este mecanismo que é manipulado em certos tipos de práticas *yóguicas* objetivando a elevação aos níveis superiores da consciência e, finalmente, a obtenção da Autorrealização.

Aqueles que estão familiarizados com a literatura *yóguica* lembrarão que a essência desta manipulação consiste em despertar o *kundalinī,* uma espécie de misterioso poder ou energia que, no caso de uma pessoa comum, jaz numa condição latente na base da coluna vertebral. Este poder pode ser cautelosamente despertado por meio de certas práticas *yóguicas* e então elevado de uma maneira controlada, ao longo do canal *sushumnā,* até o *Chakra* ou centro mais alto situado no cérebro. À medida que *kundalinī* toca e ativa os diferentes centros, em seu caminho para o *chakra* mais alto, chamado *sahasrāra,* a consciência do *Jīvatmā* aprisionada no corpo físico eleva-se, passo a passo, de um veículo para outro, até que ela se unifica com a Suprema Consciência de *Shiva* ou Realidade Última, no *sahasrāra.* Estes *Chakras* são, portanto, como portas conectando o corpo físico com os veículos superiores e abrindo-se ao toque do misterioso *kundalinī*.

No estado normal do homem comum a passagem do *sushumnā* está fechada e as correntes centrífugas e centrípetas conectando o corpo físico com o centro fluem ao longo de dois canais independentes chamados *idā* e *pingalā,* que existem dos dois lados do canal *sushumnā,* como mostra o diagrama seguinte.

Neste estado normal a consciência individual aprisionada no cérebro físico permanece sem aperceber-se não apenas da Suprema Consciência que é a sua fonte, mas também dos planos suprafísicos com os quais está conectada. Mas pela manipulação de *prāna* e *kundalinī,* o que é um segredo muito bem guardado, o *sushumnā* pode ser aberto e todo este mecanismo latente posto em funcionamento de uma maneira perfeitamente científica. Quando isso é feito adequadamente, resulta em progressivos graus de iluminação, culminando na Autorrealização quando *kundalinī* alcança o *sahasrāra.*

Deveria estar bem claro, portanto, que o *sushumnā* juntamente com os *Chakras* relacionados formam, por assim dizer, um painel de controle, através do qual a consciência pode ser conectada com os diferentes planos do Sistema Solar. Mas para usar este painel de controle o *sādhaka* deve ter evoluído moralmente, intelectualmente e espiritualmente num grau suficiente e ter-se tomado apropriadamente qualificado ou *adhikāri.* O painel de controle na sala de controle de uma usina de energia atômica pode ser usado para produzir tremendos resultados, por meio da simples manipulação das diferentes chaves. Mas isso só pode ser feito pelos cientistas mais qualificados, de grande conhecimento e calibre intelectual, que dedicaram suas vidas ao estudo e à investigação de problemas científicos. Um amador tentando brincar com aqueles controles pode apenas provocar um desastre para si mesmo e para os outros. Assim sendo, que ninguém imagine que o mero domínio deste mecanismo conectado com o *sushumnā* e o conhecimento do modo de manipulá-lo lhe dariam a chave para o problema da Autorrealização. Essas coisas constituem apenas o aparato mecânico, porém o direito e a capacidade de usar este aparato devem ser previamente adquiridos. O desastre certamente estará à espera do tolo que tentar brincar com essas coisas.

Os fatos dados nestes poucos parágrafos acima foram revistos não com o objetivo de discutir as técnicas do *Yoga,* mas tendo em vista preparar o terreno para a compreensão do significado interno dos quatro mantras que são usados em *bhūta shuddhi.* Assim, voltemos à consideração destes mantras tomando-os um a um. Os quatro mantras são dados abaixo:

(१) ओं भूतश्रृङ्गाटाच्छिरः सुषुम्ना पथेन
जीवशिवं परमशिवपदे योजयामि स्वाहा ।

Om bhūtashrngātāc chirah sushumnāpathena
jīvashivam paramashivapade yojayāmi svāhā

"*Om.* Por meio do caminho do *sushumnā,* que se estende desde a estremescla dos elementos (*bhūtashrngāta*) até a cabeça (o centro *Sahasrāra),* eu uno o *Shiva* microcósmico (a Mônada individual) com o estado do Supremo *Shiva Svāhā*".

(२) ओं यं लिङ्गशरीरं शोषय शोपय स्वाहा ।

Om yam lingasharīram shosaya shosaya svāhā.

"*Om.* Secai, secai completamente este corpo sutil, *svāhā*".

(३) ओं रं संकोचशरीरं दह दह स्वाहा ।

Om yam samkocasharīram daha daha svāhā.

"*Om ram.* Queimai, queimai o corpo que tem forma contraída, *svāhā*".

(४) ओं परमशिव सुषुम्नापथेन मूलशृङ्गाटं
उल्लस उल्लस ज्वल ज्वल प्रज्वल प्रज्वल
सोऽहं हंसः स्वाहा ।

Om, paramashiva susumnā-pathena mūla-
shrngātam ullasa ullasa jvala jvala prajvala
prajvala so 'ham hamsah svāhā.

"*Om.* Supremo *Shiva,* iluminai, iluminai o ápice *sahasrāra* no alto da cabeça através do caminho do *sushumna.*

Aquele sou eu (*so'ham*). Eu sou Aquele (*hamsa*) *Svāhā*".

Consideremos inicialmente o significado literal do primeiro mantra. *Bhūta shringātā* significa "a associação ou a composição dos cinco elementos *(pañchabhūtas*)" e *sushumnā pathena* quer dizer "pelo caminho do canal *sushumnā*" *Jīva Shivam* refere-se ao *Shiva* microcósmico, ou àquele elemento do *Shiva tattva* que está oculto no *Jīva* ou personalidade temporária. *Parama Shiva* significa o *Shiva* macrocósmico ou aquela Realidade Última que jaz na base do universo manifestado, *pade* significa "com o estado" e *yojayāmi* significa "eu uno"; *svāhā* é uma exclamação que denota *samkalpa.* Portanto, todo o mantra, em um sentido amplo, significa "Elevando o *Jīva Shiva* ao longo do canal *sushumnā,* eu o unifico com aquele estado que é chamado de *Parama Shiva*".

Aqueles que compreenderam, mesmo que parcialmente, o processo referido anteriormente, por meio do qual a consciência do *Jīvātmā* aprisionada no plano físico é libertada dos laços da matéria e, elevando-se de um plano para outro, finalmente se unifica com a Realidade última através da Autorrealização, também compreenderão imediatamente o significado deste mantra. A expressão *bhūta shringātā* significa a composição dos cinco elementos ou *bhūtas.* Mas qual é seu verdadeiro significado? Obviamente, ela se refere ao envolvimento ou aprisionamento da consciência na massa de percepções sensoriais, as quais constituem a maior parte da nossa vida comum. As impressões sensoriais são produzidas, de acordo com a bem conhecida doutrina filosófica hindu, por meio da interação dos *bhūtas* com a consciência, através da instrumentalidade dos sentidos. Podemos perceber o mundo externo tão somente pela estimulação dada por meio dos cinco *bhūtas,* como indicado no diagrama seguinte. Mas um fator indispensável nesta percepção é a consciência do *Jīvātmā,* sem cuja presença e participação nenhuma percepção pode ocorrer.

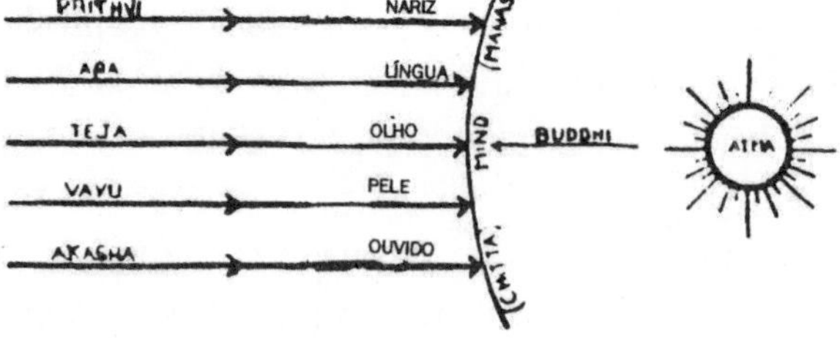

Apenas à luz da consciência proporcionada pelo *Jīvātmā* (o Ser consciente) é que a percepção pode ocorrer. Se o centro de consciência é removido ou retirado, o mundo externo criado pela mente deve necessariamente desaparecer. Portanto, é bastante apropriado nos referirmos ao mundo externo como a composição dos elementos ou *bhūtas,* na qual o centro da consciência do *Jīvātmā* está enterrado, assim como uma centelha de fogo pode estar encoberta por um monte de cinzas.

Sushumnā pathena, é claro, refere-se ao movimento de *kundalinī* através do *sushumnā* e à ativação dos vários *Chakras* situados ao longo da coluna vertebral, por meio dos quais o centro de consciência Divina enterrado na massa de *bhūtas* é libertado das limitações dos sucessivos planos. Deve-se notar que *kundalinī* é meramente um tipo de energia que afeta o mecanismo conectado com o *sushumnā,* de tal modo que a consciência funciona em seus níveis mais profundos ou, para colocar de um outro modo, em planos sucessivamente mais elevados. A mudança real e significativa é no estado de consciência.

Outra expressão que requer uma explicação é *Jīva Shiva.* Como pode *Jīva* ser referido como *Shiva?* É porque em todo *Jīva* está oculto, numa forma potencial, aquele *tattva* ou essência da Realidade Última a quem nos referimos como *Shiva.* De outro modo, como poderia o *Jīva* realizar a sua unidade com *Parama Shiva*? Ao lidarmos com a questão dos *tattvas,* foi colocado que um *tattva* é um princípio universal que opera na manifestação em diferentes níveis e em diferentes esferas, permanecendo em essência o mesmo sob diferentes condições, embora externamente parecendo ser muito diferente e sendo difícil de se reconhecer. Agora, *Shiva tattva,* o mais elevado *tattva* da filosofia hindu, é a Realidade subjacente ao universo em seu aspecto macrocósmico. Mas o mesmo *tattva* em seu aspecto microcósmico é o coração de todo *Jīvātmā,* e é a presença deste *tattva* em todo *Jīvātmā* que é a fonte da vontade espiritual e que promove a evolução do *Jīvātmā* até que todas as ilusões e limitações da vida inferior sejam destruídas e o *Jīvātmā* alcance a Autorrealização. A expressão usada no mantra é *yoja-yāmi,* referindo-se à união da alma individual com a Alma Suprema, mas ela significa o mesmo que Autorrealização. Se uma luz obscurecida por muitas coberturas se liberta progressivamente destas coberturas, podemos tanto dizer que a limitada luz mais externa encontrou a sua própria real natureza, quanto que ela se unificou com a luz mais interna. É meramente uma questão de usar diferentes palavras para o mesmo processo.

A palavra *svāhā,* que literalmente significa "completamente queimado ou destruído", é usada ao oferecer-se oblações ao Fogo por ocasião do sacrifício cerimonial e é um tipo de exclamação para expressar um *samkalpa* – o *samkalpa,* neste caso, sendo para a completa destruição ou queima da coisa oferecida. Há muitas palavras, ou melhor, combinações de letras desta natureza, que são encontradas na literatura védica ou tântrica, tais como *namah, vashat, vaushat.* Estas palavras são usadas no final de certos mantras e indicam, um tanto vagamente, a afirmação da vontade de realizar um certo propósito. Elas não têm realmente nenhum sentido literal e seu uso depende, pelo menos em parte, do efeito dos sons produzidos, muito como no caso das sílabas-semente ou *bīja aksharas.* Mesmo assim, considerando-se o contexto no qual tais palavras são usadas, é possível lhes atribuir um significado genérico correspondente ao propósito a ser realizado. Se um significado deste tipo tivesse que ser atribuído à palavra *svāhā,* a qual é usada no final de todos os quatro mantras, somente poderia ser algo da natureza de uma afirmação de vontade, tal como a transmitida pela frase "que assim possa ser" ou "assim seja," combinada com uma atitude de autoentrega, como sugerida pela expressão "eu ofereço". No primeiro mantra, o *sādhaka* oferece o mundo dos *bhūtas* aos pés do Senhor para ser destruído ou queimado por Ele no fogo ao Autoconhecimento. No segundo e terceiro mantras, ele oferece os corpos relacionados com os mundos inferiores e superiores, de modo que a consciência, que está neles aprisionada, possa ser libertada e fique livre para funcionar no mundo da Realidade. No último mantra, analogamente, ele oferece o mundo da matéria ou *Prakriti*, como um todo, de modo que ele possa libertar-se completamente de suas ilusões e possa realizar sua verdadeira natureza Divina.

Vamos agora considerar o segundo mantra. A primeira letra deste mantra, *yam*, é a bem conhecida *Vāyu bīja*, ou aquela letra em particular que incorpora o poder potencial do *Vāyu tattva* ou *Vāyu Devatā*. As palavras *soshaya soshaya* significam "secai, secai" e seguem naturalmente do uso da *Vāyu bīja*, porque a característica essencial de *vāyu* ou "ar" é secar qualquer coisa que ele toque. A palavra *linga sharīra* é usada um tanto livremente na literatura sânscrita para indicar certos corpos sutis e geralmente corresponde ao *prānamaya kosha* da terminologia vedantina, ou ao duplo etérico da terminologia teosófica. Mas, uma vez que as auras de todos os três corpos inferiores que operam nos planos físico, astral e mental têm forma ovoide, eles podem ser coletivamente referidos como *linga sharīra*. Pode ser objetado que o corpo físico não tem uma forma oval. O corpo físico denso não tem, porém a sua aura tem uma forma ovalada, como foi demonstrado por um pesquisador que estudou cientificamente as auras humanas no Ocidente.[4] Devemos notar que mesmo no caso dos corpos sutis inferiores, são as auras que são ovoides na forma e não os próprios corpos. A ideia geral por detrás do segundo mantra é, portanto, uma invocação ao *Vāyu Devatā* para "secar" o *linga sharīra*. Este é realmente um modo poético de orar para que os três corpos inferiores possam ser transcendidos e que a

---

[4] O autor provavelmente se refere aos estudos científicos do Dr. Walter J. Kilner, reportados em seu livro *The Human Atmosphere*, 1911, onde ele expõe seus estudos sobre a aura humana. Vide também a este respeito o capítulo XXI do livro *O Duplo Etérico* de Arthur E. Powell, Ed Teosófica 2019. (N. E.)

consciência seja libertada para funcionar nos planos espirituais superiores.

O terceiro mantra repete a mesma ideia num nível ainda mais elevado. Aqui *ram* é a *Agni bīja,* ou a letra na qual estão presentes de uma forma potencial os poderes do *Agni tatva.* Uma vez que a natureza essencial de *agni* ou "fogo" é queimar, naturalmente, as palavras *daha daha* que significam "queimai, queimai" substituem as palavras *shoshaya shoshaya* no mantra anterior. Aqui o corpo que tem que ser queimado e assim transcendido é chamado *samkocha sharīra.* Qual o significado desta expressão? Em geral, ela é traduzida como "corpo de egoísmo", e como a mente é a sede do egoísmo, o mantra pode ser tomado como uma prece pela transcendência do corpo mental o qual, ao criar a ilusão da separatividade, causa o sentido do "eu" ou egoísmo. De acordo com o ocultismo, os veículos superiores da consciência são (por superiores queremos dizer aqui os veículos mais sutis do que os três referidos no mantra anterior), diferentemente dos veículos inferiores, atômicos em sua natureza, sem nenhuma superfície como limite. Como é dito que eles se parecem com estrelas, a palavra *samkocha sharīra* pode referir-se aos corpos espirituais mais sutis como um todo, e o mantra pode, portanto, ser considerado como uma invocação ao *Agni Devatā* para "queimar" estes corpos. As palavras "secar" e "queimar" são metafóricas e visam indicar o processo por meio do qual a consciência transcende os veículos. Nenhum veículo é destruído quando a consciência se eleva de um veículo para outro, através da "ponte" que interliga os corpos. A única coisa que acontece é que o veículo inferior é deixado inoperante e cessa de limitar a consciência. É quase desnecessário mencionar que, embora a consciência operando através destes veículos espirituais superiores seja muito mais gloriosa e esteja livre da maior parte das limitações, ainda assim, mesmo esses veículos causam algum obscurecimento e limitação e eles também precisam ser transcendidos, antes que a consciência do *Jīvātmā* possa se tornar una com a Suprema Consciência de *Shiva* e conhecer sua Real natureza. Um bilhão representa uma tremenda magnitude quando comparado a uma centena ou a um milhar, mas é insignificante quando comparado com o infinito. Todos os números estão no reino das grandezas, enquanto que o infinito transcende completamente todas as grandezas.

O último mantra do conjunto é uma invocação ao Próprio *Parama Shiva* e não apenas é da maior significância, mas expressa a ideia subjacente de uma maneira muito bela e expressiva. *Sushumnā pathena* significa "ao longo do *sushumnā,*" como no primeiro mantra. *Mūla shringāta* significa "o ápice do *Sahasrāra.*" A Centelha Divina chamada *Jīvātmā* está, na verdade, profundamente envolvida na matéria e deve libertar-se desta matéria antes que possa conhecer sua Real natureza. O reino de *Prakriti* estende-se para além do reino dos *bhūtas* e o *Purusha* deve dissociar-se completamente dele, antes que possa conhecer sua verdadeira forma (*svarūpa*) no estado de libertação. As palavras *ullasa ullasa jvala jvala prajvala prajvala* literalmente significam "iluminai, iluminai, brilhai, brilhai, resplandecei, resplandecei", e obviamente descrevem de uma maneira bastante gráfica o processo pelo qual a Centelha Divina, envolvida na matéria, irrompe rapidamente numa chama flamejante sob o estímulo vindo de *Parama Shiva,* durante os últimos estágios da prática do *Yoga.* O processo de evolução do *Jīvātmā* é muito lento nos estágios iniciais, mas vai se acelerando à medida que a meta se aproxima e nos últimos estágios, quando a técnica do *Yoga* é aplicada, avança numa tremenda velocidade. Deve-se notar que mesmo quando *Shiva* liberta o *Jīvātmā* do aprisionamento e da ilusão da existência material, Ele tem que fazê-lo por intermédio do mecanismo existente nos corpos. O progresso espiritual é governado, até o derradeiro estágio, por leis da Natureza e requer o uso de técnicas definidas para se alcançar qualquer meta determinada.

A frase composta *So' ham hamsah svāhā* novamente aponta para um grande e profundo mistério, o qual está ligado à unificação da consciência individual com a Consciência Universal. Não podemos ter esperanças de entender o mistério que está oculto por detrás dessas significativas palavras, mas vejamos se é possível obtermos um pálido vislumbre dele, com base em fatos já conhecidos no mundo externo. Quando num parágrafo anterior nos referimos aos três canais, *idā, pingalā* e *sushumnā,* foi colocado que *idā* e *pingalā* estão abertos mesmo no caso de um homem comum, enquanto que *sushumnā* está aberto apenas no caso de um *yogue* avançado. Ao longo destas duas passagens complementares fluem tipos diferentes de correntes, em direções opostas. Um conjunto destas correntes é chamado "quente" e o outro "frio", do mesmo modo que às vezes nos referimos a um polo de uma bateria como "quente" e ao outro como "frio". Estas correntes em direções opostas dizem respeito às ações e reações entre a periferia e o centro, estando *Ātmā* no centro e o corpo físico na periferia. Estas correntes estão constantemente passando ao longo da misteriosa "ponte" que liga o *Ātmā* com o corpo físico através de todos os veículos intermediários mais sutis e destas correntes depende a manutenção e o funcionamento de todos os veículos. A menos que o circuito esteja completo nenhuma das correntes vitalizadoras pode fluir através de todos estes veículos. De fato, de acordo com a Ciência Oculta, o movimento da respiração no corpo físico é o efeito visível e mais externo destas correntes que fluem ao longo dos dois canais, para dentro e para fora. O estudante não deveria cometer o erro de imaginar qualquer movimento no espaço. Os diferentes veículos do *Jīvātmā* interpenetram uns aos outros sob condições normais e, portanto, estas mudanças não envolvem nenhum movimento no espaço, porém apenas transferência de um veículo de densidade diferente para um outro.

As duas frases que estamos considerando, *So' ham* e *hamsah,* estão relacionadas com os movimentos alternados entre os veículos que foram referidos acima. A frase *So' ham* é composta pelas duas palavras *Sah aham* e significa "Aquele sou eu", enquanto que a palavra *hamsah* é composta pelas mesmas duas palavras *aham sah* e significa "Eu sou Aquele". Estas duas frases, portanto, obviamente referem-se às afirmações alternadas e complementares feitas pela consciência individual a respeito de sua identidade com a Consciência Suprema e vice-versa, à afirmação da identidade da Consciência Suprema com a consciência individual. E este movimento alternado, por assim dizer, em duas direções opostas e ao longo dos dois diferentes canais *idā* e *pingalā* que, por um lado, mantém o *Jīvātmā* em manifestação e separado de *Paramātmā* e, por outro, assegura sua união final. É impossível entender este profundo mistério da manifestação, mas talvez seja útil para o estudante imaginar que *Paramātmā* e *Jīvātmā,* o Pai e o Filho, ficam chamando um ao outro através da barreira de *Prakriti* até que estejam unidos. Este mistério é aludido ao se dizer em linguagem popular que o *Jīva* está sempre fazendo *japa* do mantra *So'ham* em cada respiração, 21600 vezes durante as vinte e quatro horas, e este mantra é chamado *ajapā Gāyatrī*. As afirmações alternadas referidas acima estão relacionadas com a consciência, porém são essas afirmações alternadas que produzem e estão na base das duas correntes, centrípeta e centrífuga, que estão fluindo em direções opostas e que no corpo físico são canalizadas ao longo do *idā* e do *pingalā*.

Quando o *sushumnā* é aberto pela prática do *Yoga,* são produzidas condições para uma união parcial das duas correntes e seu fluir num único canal. Esta transformação, no lado da forma, torna possível para os mantras *So'ham* e *hamsah* unirem-se um ao outro, por assim dizer, resultando na fusão da consciência individual com a Consciência Universal. As duas afirmações alternadas, implícitas em *So'ham* e *hamsah* por vias independentes, agora ocorrem numa afirmação conjunta de unidade e, deste modo, a união do "eu" com "Aquele" é consumada na Autorrealização.

Esses são fatos relativos aos mais profundos mistérios da vida e da *sādhana* e não podemos ter a esperança de entendê-los por intermédio do instrumento grosseiro do intelecto, a não ser de uma maneira muito vaga e parcial. Nem mesmo para o *sādhaka* é possível entendê-los plenamente até que ele tenha avançado bastante no caminho do *Yoga.* Contudo, mesmo o aspirante pode entender o suficiente para enchê-lo de reverência e admiração e fazê-lo almejar pelo dia em que estas coisas se tornarão para ele uma questão de realização.

Se considerarmos cuidadosamente a estrutura e o espírito do mantra *Bhūta Shuddhi,* compreenderemos que ele é uma espécie de *Gāyatrī* e não meramente um conjunto de quatro mantras para a purificação ou *bhūta shuddhi.* De fato, podemos delinear a semelhança entre o *Gāyatrī* védico e este mantra de uma maneira muito definida. Assim, vemos que *Pranava* ocorre quatro vezes neste mantra, enquanto que ele ocorre pelo menos três vezes no mantra *Gāyatrī*. Há nele duas sílabas-semente que correspondem aos três *Mahā Vyāhritis* no *Gāyatrī* védico, sendo que os *Devatās* das duas sílabas-semente são os mesmos de dois *Mahā Vyāhritis,* isto é, *Agni* e *Vāyu.* As funções destes dois *Devatās* estão mais claras no mantra *Bhūta Shuddhi.* Da mesma forma, a primeira parte do mantra *Bhūta Shuddhi* inclui um *samkalpa,* enquanto que a parte restante é uma espécie de oração como no caso do *Gāyatrī* védico. *Samkalpa* ou uma afirmação de vontade é uma técnica básica para se alcançar um objetivo, enquanto que a oração ou autoentrega envolve *kripā* ou compaixão. *Samkalpa* implica numa atitude positiva e a oração numa atitude negativa.

A seguinte questão a ser respondida é qual a relação desses mantras com *bhūta shuddhi* ou, em outras palavras, como os cinco *bhūtas* em nosso corpo são purificados pelo uso desses mantras? Como já foi colocado no capítulo VI, a autopurificação é uma palavra que implica três diferentes processos – o refinamento dos veículos por meio do aumento da proporção de *sattva guna;* a sensibilização dos veículos; e a harmonização de uns em relação aos outros. Não deveria ser difícil entender como o direcionamento da mente para Deus e sua repetida concentração no objetivo último do esforço humano, bem como o processo pelo qual este objetivo é alcançado, deveriam produzir uma melhora gradual em todas estas três direções. Em primeiro lugar, é uma lei da Natureza que sempre que a mente pensa em algo elevado ou sagrado, se estabelecem no corpo mental vibrações que expulsam o material mais grosseiro e absorvem no seu lugar um material mais refinado, de modo que o resultado líquido é um aumento no elemento *sáttvico,* do qual depende a percepção espiritual. Em segundo lugar, quando almejamos intensamente a realização de qualquer objetivo sagrado, o próprio desejo de alcançar o ideal superior aumenta nossa sensibilidade e sintoniza nossa mente com um nível superior da consciência. Quando a mente de fato tenta compreender qualquer verdade espiritual, ela não apenas se aproxima temporariamente daquela verdade, mas também sua própria capacidade de realizar aquela verdade aumenta a cada esforço. É deste modo que ela se torna mais sensível. Em terceiro lugar, um esforço sério para compreender qualquer verdade transcendente subjuga e silencia todos os nossos desejos menores durante o tempo deste esforço, e polariza todas as nossas energias em uma direção, na busca de nosso ideal. Assim, todos os nossos conflitos interiores ficam resolvidos durante este tempo e todas as nossas faculdades e poderes se harmonizam e começam a trabalhar em uma mesma direção. Portanto, estas ações e reações levam o *sādhaka* a um contínuo progresso em direção à sua meta, mesmo que ele possa não estar consciente das melhores condições que estão se produzindo dentro dele.

O *sādhaka* deveria manter em mente o significado desta mudança que ocorre dentro de nós em resposta às nossas aspirações e esforços para atingir a nossa meta. Quando oramos pela Iluminação ou por uma percepção direta da Realidade dentro de nós, não é a Iluminação que vem imediatamente, porém condições mais favoráveis para obter a Iluminação, isto é, pureza, sensibilidade e harmonia. Deus não pode responder imediatamente à nossa prece apresentando-Se diante de nós; isto é impossível porque não estamos prontos ou habilitados para recebê-Lo. Ele pode apenas enviar Suas forças, as quais nos tornam mais dignos e qualificados para recebê-Lo no futuro. Se um menino pede a seu pai para torná-lo um engenheiro, o que faz o pai? Ele dá ao filho a educação para se tornar um engenheiro. E quando o filho se torna adequadamente qualificado, ele obtém um emprego de engenheiro, no seu devido tempo. É assim que recebemos um influxo de forças Divinas dentro de nós, sempre que oramos seriamente, recitamos mantras sagrados ou nos engajamos em outras práticas religiosas.

Deveríamos também ter em mente que há uma relação muito íntima entre a vida e a forma, entre a consciência e a matéria, e que elas mudam *pari passu.* Se organizamos, melhoramos e purificamos apropriadamente nossos veículos, a consciência funcionando através deles começa a se desenvolver e a se movimentar em direção aos seus níveis mais profundos. Se nos concentramos no desenvolvimento da nossa consciência, os veículos começam a se tornar mais refinados, para servir mais efetivamente às necessidades da consciência. Portanto, nós podemos enfrentar o problema do nosso desenvolvimento espiritual pelos dois lados, tanto do lado da consciência quanto do lado da forma. O *Hatha Yoga* concentra-se na forma e, por meio de uma apropriada manipulação científica das forças que operam em nossos veículos, objetiva efetuar mudanças na consciência. Mas este método destina-se apenas às almas muito avançadas, as quais já conquistaram seus desejos e sua natureza inferior e que têm apenas que estabelecer relações operacionais entre os veículos inferiores e superiores. O *Raja Yoga,* por outro lado, concentra-se no desenvolvimento da consciência e deixa os veículos se ajustarem, lenta e naturalmente, às mudanças na consciência. O *Bhakti Yoga* concentra-se na própria Divindade, e deixa que Ela ajuste as mudanças na consciência e na matéria conforme julgue adequadas. Este é o método que envolve o menor risco, mas ele requer uma natureza na qual a devoção, o amor e a capacidade de autoentrega estão bem desenvolvidos. Cada um escolhe seu Caminho de acordo com a sua própria singularidade individual, seu temperamento e seu estágio de desenvolvimento. De fato, quase não se pode dizer que escolhemos o nosso Caminho, pois de algum modo ele já está determinado pelas nossas próprias características individuais. Gradualmente nos transformamos, no mundo do Tempo e do Espaço, naquilo que já somos no reino do Eterno. Este é o significado da paradoxal máxima oculta "Torna-te aquilo que és".

CAPÍTULO IX

MEDITAÇÃO

Após termos tratado da questão da preparação especial que é requerida durante a *upāsanā,* podemos agora considerar o importante assunto da meditação ou *dhyāna* como é geralmente chamada em sânscrito. Em todo tipo de *upāsanā* de um *Devatā,* após terem sido realizadas as cerimônias preliminares para a purificação dos veículos e a magnetização dos centros, é realizada a invocação do Deus ou da Deidade escolhida, na forma particular eleita pelo *sādhaka.* Em geral isto envolve a recitação de um mantra no qual o *sādhaka* ora para que a Deidade apareça e esteja presente em sua adoração. A Divindade escolhida é apenas a forma particular em que Deus é venerado pelo *sādhaka* e, na medida em que se acredita que Deus é onipotente (*sarvavyāpaka*) e nosso governante interno (*antaryāmi),* na verdade trata-se de um absurdo rezar para que Ele apareça diante do *sādhaka.* Uma pessoa somente pode aparecer num lugar quando ela não está lá. Portanto, o que realmente significa esta *āvāhana* ou prece por uma aparição pessoal? Ela meramente significa a formação de uma imagem concreta do *Devatā* na mente e o direcionamento total da atenção para ela, com a mais completa reverência e devoção. Aparecimento e desaparecimento são termos relativos. Se uma pessoa fecha os olhos, todos os objetos à sua volta desaparecem de sua vista. Se ela abre os olhos eles aparecem novamente. Assim, se formamos uma imagem de nossa Divindade escolhida e direcionamos nossa mente para ela é, de fato, em nossa própria mente que ocorreu a mudança, embora possamos dizer e sentir que a Deidade "apareceu" em nossa mente. Se examinarmos cuidadosamente o problema, compreenderemos que o "aparecimento" da Deidade não é puramente uma questão de simulação, como pode parecer para algumas pessoas. A consciência de *Īshvara* está presente no coração e na mente de todo ser humano e, na verdade, ela é o alicerce de sua própria consciência. É por isso que O chamamos *antaryāmi.* A imagem de um *Devatā* formada na mente e tratada como a Divindade escolhida deve, portanto, tornar-se uma espécie de janela através da qual o *sādhaka* pode direcionar seus pensamentos e suas emoções para sua Divindade escolhida e, em retorno, receber Suas bênçãos e Seu poder. Quanto maior a devoção e a fé do devoto, mais efetivamente a imagem serve como um elo de ligação entre ele e o objeto de sua devoção. É verdade que todo o processo é um fenômeno subjetivo mas, não obstante isso, é real porque capacita o *sādhaka* a estabelecer um contato verdadeiro e efetivo, embora indireto, com a Divindade escolhida. Muitas pessoas pensam que quando algo é chamado de subjetivo, ele é necessariamente irreal, da natureza de uma alucinação. Se elas soubessem que todo o universo em que vivem é essencialmente e realmente um fenômeno subjetivo, não considerariam os estados subjetivos da mente com um tal desprezo.

A visão acima com relação à natureza da *āvāhana* ou invocação não exclui a possibilidade que a Divindade algumas vezes apareça diante de seu devoto numa forma "objetiva", quando Ela lhe concede uma visão. Mas este é um tipo diferente de fenômeno e o devoto comum não pode esperar ter esta experiência cada vez que ele senta para sua adoração. Na experiência de Deus é Ele quem forma a imagem que é vista objetivamente pelo devoto. Na invocação e na meditação é o *sādhaka* quem forma a imagem que é indiretamente preenchida pela Divindade com sua influência.

Em que medida a imagem mental formada pelo devoto pode servir como um canal para o influxo de influências divinas, naturalmente, dependerá do seu estágio de desenvolvimento, da sua atitude e da sua condição mental no momento da invocação. Quanto maior a devoção, a seriedade e o espírito de autoentrega que ele possa colocar nesta tarefa, mais viva será a imagem e mais íntima a comunicação que ele pode ter através dela com sua Divindade escolhida. A maneira negligente na qual o devoto hindu comum recita o mantra de invocação, em muitos casos nem mesmo enviando um pensamento momentâneo ao *Devatā* que ele convida a aparecer, é impressionante, e não devemos nos surpreender se os resultados obtidos de uma tal adoração não são encorajadores. Imaginem um cidadão por alguma razão convidar o Rei para ir à sua casa, e não estar presente quando este chega!

Com relação à forma da imagem que é produzida na mente do *sādhaka,* o *dhyāna-mantra* dá as características gerais da imagem que tem que ser formada. Estas características, exceto no caso de *Avatāras,* são usualmente baseadas nas leis do simbolismo hindu, e quando o *sādhaka* avançado medita na forma, ele não apenas tenta formar uma imagem clara, mas também tenta manter em sua mente o significado interno destas características. Deste modo, ele pode combinar as vantagens de um objeto concreto, que pode ser mantido pela mente, com a compreensão dos atributos ou qualidades abstratas daquela Realidade que a imagem representa.

Uma vez que o *Devatā* do mantra *Gāyatrī* é *Savitā,* cuja vida está se manifestando através do nosso Sistema Solar com seu centro no Sol físico, a prática usual é primeiro invocar a Deidade chamada *Sūrya Nārāyana* e fazer uma oferenda (*arghya)* a Ele. A oferenda, que é de caráter simbólico, é na forma de água e foi escolhida para lembrar ao *sādhaka* que a fonte do poder e das forças que ele invoca está no Sol, e também para, de algum modo, estabelecer um contato mental com aquela fonte. Após esta cerimônia simples a

Devī Gāyatrī é invocada no orbe solar com mantras apropriados, os quais diferem nas palavras mas têm substancialmente a mesma importância. Isto visa, novamente, estabelecer um contato mental com o poder específico do Logos Solar, cujo centro é o Sol, e que pode ser atraído através do poder do mantra *Gāyatrī*. Em algumas escolas, certas cerimônias simples também seguem à invocação mas, geralmente, a invocação é imediatamente seguida pela recitação do *dhyāna-mantra* e pela formação da imagem mental.

A prática de formar a imagem mental da *Devī Gāyatrī* no orbe solar deve-se, sem dúvida, ao fato de que esta Deusa é o *Shakti* (Poder) de *Savitā,* e o uso de dois mantras de invocação um após o outro mostra que é uma invocação conjunta — de *Shakti* (Poder) e *Shaktimān* (Aquele no qual o Poder reside). A simbologia da *Devī Gāyatrī* e sua quase completa identidade com aquela do *Trideva* também confirma este ponto. O fato de que as três formas são praticamente as mesmas que aquelas do *Trideva* e que são imaginadas dentro do orbe solar mostra quão bela e efetivamente nossos sábios conseguiram representar em formas concretas os profundos mistérios da vida interna.

Os *dhyāna*-mantras da *Devī Gāyatrī,* os quais dão uma ideia com relação à forma em que o *sadhaka* deve imaginar a Deusa, diferem um pouco de acordo com as diferentes escolas ou tradições, sejam elas derivadas dos Vedas *Rig, Yajur* ou *Sāma,* ou ainda do Tantra, mas de um modo geral as ideias são as mesmas e podem ser facilmente compreendidas se o estudante estiver familiarizado com os princípios do simbolismo hindu e as funções dos diferentes *Devīs* e *Devatās.* Esta questão já foi brevemente discutida no capítulo II e não precisamos tratá-la aqui. Mas um ponto interessante que tem que ser observado em relação à simbologia da *Devī Gāyatrī* é que a forma utilizada na meditação muda de acordo com a hora, isto é, de acordo com cada um dos três momentos críticos do dia *(samdhis)* que ocorrem pela manhã, ao meio dia e à noite. Ela é *Brāhmanī* de manhã, *Vaishnavī* ao meio dia e *Rudrānī* à noite. A conexão dos três *Devatās* com os três períodos do dia é bem conhecida e está relacionada às funções que Eles exercem no Sistema Solar. A manhã é o período em que as forças criativas são predominantes na Natureza e como *Brahmā* representa as funções criativas de *Īshvara é* a sua influência que pode ser buscada com maior proveito pelo *sādhaka* neste período. Ao meio dia, as forças de preservação são predominantes e, portanto, *Vishnu* é a Deidade que rege esta parte do dia. Ele é o Preservador, que mantém em equilíbrio as forças de criação e destruição e é, portanto, Sua influência que é invocada nesta hora do dia. À noite, as forças de destruição tornam-se fortes, e uma vez que a destruição é a função de *Rudra,* naturalmente é a Sua influência que permeia a Natureza e que pode com mais vantagens ser utilizada a esta hora do dia. Destruição não é uma boa palavra e não descreve corretamente a função de *Rudra* ou *Mahesha.* Regeneração é uma palavra muito melhor, porque ela também dá a ideia da criação e da preservação junto com a da destruição. A destruição operada por *Rudra* não existe para o seu próprio benefício, mas tem lugar porque a forma que Ele destrói cessou de servir eficientemente ao seu próprio propósito, e tornou-se um obstáculo para a evolução da vida que está presente naquela forma. Por isso Ele a leva embora e coloca em seu lugar uma nova forma, mais elástica e útil. A vida interna é preservada e avança para estágios mais elevados e tanto a criação quanto a destruição subservem a este processo. Esta concepção da função de *Rudra* ou *Mahesha* dá uma feição bastante diferente para a destruição externa, a qual é uma precursora da nova criação e mostra a natureza extremamente benigna da função.

Vemos, deste modo, que o *dhyāna-mantra* de *Gāyatrī* é adaptado à influência de cada um dos três *Devatās* que prevalece em cada período do dia, visando aumentar a eficácia da meditação e da *japa* que deve vir após o mantra. É verdade que esses *Devatās* estão, na realidade, além do Tempo e do Espaço e que, portanto, suas ações e influências não são governadas completamente pela rotação da Terra em torno de seu eixo. Contudo, estes fenômenos naturais mudam de fato o meio ambiente e não há razão porque o *sādhaka* não possa tirar vantagem destas circunstâncias, especialmente no começo quando seus poderes e recursos não estão suficientemente fortes. Devemos ao mesmo tempo lembrar que Aquele que invocamos está além do Tempo e do Espaço e que, deste modo, as limitações de Tempo e Espaço não limitam realmente os métodos para nos aproximarmos Dele. Podemos nos aproximar Dele e estabelecer um contato com Sua Consciência e influências a qualquer hora do dia e de qualquer ponto do Sistema Solar, porque Ele é onipresente e eterno e está sempre consciente do que está ocorrendo na mente de cada criatura viva. As limitações de Tempo e Espaço aplicam-se apenas àqueles que vivem completamente no Tempo e no Espaço, não para aqueles que estão acima deles. Assim, se é bem verdade que o *sādhaka* pode tirar vantagem destas coisas externas na medida em que isto for possível, também é verdade que ele deveria conhecer o seu real significado e valor e não se preocupar muito com elas. Se ele não pode se levantar às quatro horas da manhã para sua adoração, não há razão para que ele não possa realizá-la em qualquer outra hora do dia que lhe for conveniente. A ortodoxia teceu um véu de mistério e de rigidez a respeito destas coisas, o qual é bastante desnecessário e injustificável.

De fato, há um *dhyāna-mantra* da *Devī Gāyatrī* que prescreve uma forma que não leva em consideração a hora do dia e que pode, portanto, ser adotada quando o *sādhaka* não deseja estar limitado por estas regras relacionadas com o tempo. As condições modernas são tão diferentes daquelas que prevaleciam na época em que estas coisas foram promulgadas pela primeira vez que a adaptação às novas condições tornou-se inevitável. Seria uma tolice uma pessoa desistir da *upāsanā* de *Gāyatrī* simplesmente porque ela é incapaz de executar sua *japa* exatamente no momento da *samdhyā*.

Tanto o bom senso quanto a espiritualidade requerem que ajustes necessários sejam feitos e que o essencial não seja sacrificado pelo não essencial. Uma adaptação inteligente dos meios aos fins é um dos princípios fundamentais da religião hindu e é este princípio que a tem permitido sobreviver aos revezes do tempo.

Após tratarmos da questão da forma da imagem chegamos, naturalmente, à questão do método de meditação, de como aquela imagem mental deve ser utilizada para a comunhão com a Realidade oculta por detrás dela. Isso junto com a *japa é* a parte mais importante da *upāsanā* de *Gāyatrī* e da sua apropriada realização dependem, em grande medida, os resultados obtidos pelo *sādhaka*.

Desde o início deve ficar bem claro que a meditação é um tema muito difícil de compreender ou de fazer com que outras pessoas compreendam. Isso é natural porque envolve um número muito grande de condições e fatores relacionados com a mente humana e o seu funcionamento. As pessoas que pedem por uma descrição muito concisa e precisa da técnica da meditação não sabem realmente pelo que estão pedindo. Um jovem estudante bem que poderia pedir a um cientista que lhe desse uma descrição concisa e clara da Ciência moderna. De certo modo seria mais fácil lidar com a Ciência desta maneira do que com a meditação, porque a Ciência lida com coisas inanimadas e que podem ser conhecidas, medidas e classificadas. A meditação lida com a invisível, intangível e imprevisível mente humana, cujo funcionamento não pode ser estudado e analisado do mesmo modo que fatos científicos. Na verdade, a grande maioria das pessoas que iniciam a *sādhana* mal podem se separar de sua mente, e para todos os propósitos práticos o seu "eu" é a sua mente. A Realidade consciente, que está oculta por detrás da mente e é a fonte de sua iluminação, é realmente algo que está além do âmbito da compreensão mental e, no entanto, é esta Realidade que o *sādhaka* busca descobrir! Quem é aquele que busca? Quem é aquele que é buscado? O buscador e o objeto da busca são unos e o *sādhaka* deve encontrar, portanto, o seu Ser mais interno que é essencialmente idêntico à Realidade mais interna de todo o universo. Como o buscador deve encontrar o seu Ser mais interno? Separando-se de tudo que não é Ele mesmo. Ele deve transcender e separar de Si mesmo, passo a passo e nível após nível, a mente que envolve seu Ser real, até que Ele se encontre só, isolado e livre; livre de todas as coisas e ainda assim, de um modo misterioso, uno com todas as coisas. Esta é, em poucas palavras, a verdadeira técnica da meditação que é referida pela conhecida denominação de *Yoga*. Sendo assim, quem ousaria pedir por uma descrição simples e acabada da técnica da meditação?

O fato é que a técnica da meditação é um corpo de conhecimentos muito variados, sendo que diferentes partes deste conhecimento podem ser requeridas pelo *sādhaka* em diferentes estágios e sob diferentes condições. Não há fórmulas, não há instruções predeterminadas, simples e diretas que possam ser seguidas sob todas as circunstâncias desde o começo até o fim do Caminho. O *sādhaka* tem que adotar uma técnica num dado momento e outra completamente diferente quando as condições mudam, ou quando ele está passando por uma nova fase do seu desenvolvimento interno. Ele deveria ter uma mente aberta e uma técnica de meditação flexível, de modo que ele possa adaptar-se às diferentes condições que podem surgir de tempos em tempos. Isto requer um permanente estado de atenção ou vigilância, uma adaptação inteligente dos meios aos fins e uma capacidade de manter a meta constantemente em vista.

Segue-se do que foi dito acima que a Ciência da meditação deveria ser estudada como um todo, paciente e completamente, de modo que o *sādhaka* esteja familiarizado em termos gerais com as dificuldades e as diferentes circunstâncias que podem advir de tempos em tempos e saiba, pelo menos teoricamente, como enfrentar estas circunstâncias quando elas surgirem. Isso geralmente requererá anos de paciente estudo e prática. De fato, é raro que esta tarefa possa ser completada numa única vida. O *sādhaka* comum tem que levar adiante o trabalho, vida após vida, e deve ter a necessária paciência e determinação para continuar a busca sem se desviar pelos tentadores atalhos dos objetivos mundanos. Sendo assim, é sábio que o aspirante esteja preparado para um esforço árduo e prolongado, uma vez que ele não pode saber quais as potencialidades e os condicionamentos que estão ocultos dentro dele e que surpresas lhe estão reservadas. A Autorrealização deve ser considerada como uma aventura ou plano de longo prazo. Não há atalhos fáceis para a suprema e última meta do esforço humano.

Mesmo quando tiver adquirido um domínio adequado do conhecimento teórico por meio do estudo e da reflexão profunda ele, na realidade, ainda não realizou muito. O problema real ainda tem que ser atacado, isto é, a efetiva aplicação daquele conhecimento na prática. É neste momento que as aspirações e os ideais do aspirante serão testados. Será que ele é realmente sério a respeito desta questão de desvelar o Grande Mistério, ou será que a sua aspiração é meramente um escape dos temporários desapontamentos, desilusões e frustrações da vida? Muitos aspirantes aparentemente entusiásticos descobrem que o seu entusiasmo vai esfriando sob o impacto de dificuldades externas e internas e acham difícil manter sua determinação. É tão somente quando o *sādhaka* aprendeu a enfrentar e a superar todo tipo de dificuldades e desenvolveu uma vontade indômita que seu progresso constante estará garantido. Mesmo então, a dificuldade de determinar o que deve ser feito sob um conjunto particular de circunstâncias e nos períodos de provação continua existindo até o fim. Ele pode conhecer tudo teoricamente, mas pode não saber como aplicar seu conhecimento ao problema específico diante dele. Quem pode ajudá-lo sob estas circunstâncias? Seu Guru? Ele pode, desde que o *sādhaka* tenha tido a capacidade de encontrar um Guru competente. Mas o Guru não pode estar sempre ao seu dispor para tirá-lo de todas as dificuldades e resolver os seus problemas. O Guru pode dar instruções gerais e pode vir em seu auxílio em momentos de necessidade premente, mas na grande maioria das vezes o *sādhaka* tem que depender de si mesmo. Quanto mais ele avança neste Caminho, mais o Guru o deixará só para chegar às suas próprias decisões e lutar suas próprias batalhas, contando apenas com sua Luz interna para guiá-lo e com o Deus interno para lhe dar forças. A Autorrealização não pode, pela sua própria natureza, ser alcançada por pessoas que precisam auxílio e orientação de outros. O próprio *sādhaka* coloca a coroa da Divindade em sua cabeça.

Como acender esta lâmpada interior que irradia sua luz infalível sobre o Caminho? A resposta é dada no aforismo II-28 dos *Yoga-Sūtras,* que já foi citado no capítulo I. O *sādhaka* tem que dar um início, adotar seriamente a vida da *sādhanā,* aplicar o máximo esforço, aspirar ardentemente e esperar pacientemente pela Luz. Quando sua mente tiver se tornado suficientemente purificada, a Luz aparecerá dentro dele e começará a verter sua radiação, e com esta claridade ele poderá trilhar o Caminho até o final, com firmeza e segurança. E é com relação à tarefa de fazer esta Luz aparecer e irradiar com um brilho cada vez maior que a *upāsanā* de *Gāyatrī* é da maior utilidade. De fato, a Luz mencionada no mantra *Gāyatrī* é a mesma Luz que ilumina o Caminho do *sādhaka* e que, gradualmente, transforma-se na Luz da Verdade.

Foi mencionado na Introdução que nossos *Rishis* não esperavam que todo hindu que usasse o mantra *Gāyatrī* estivesse buscando a Autorrealização. Nem todo o *sādhaka* está qualificado ou numa condição que o permita realizar este supremo esforço. A grande maioria das pessoas deve se contentar em perseguir uma meta mais limitada e não tão elevada, que é o desenvolvimento lento e gradual da sua natureza espiritual. A melhor forma disso ser realizado é levando uma vida baseada na retidão ou *dharma,* de modo que ele possa se libertar daqueles conflitos internos e desarmonias que destroem a integridade e a paz mental do indivíduo mediano, e não o permitem ter nem mesmo o tipo comum de felicidade. Basta olharmos inteligentemente à nossa volta para compreendermos o quanto necessitamos de uma abordagem sensata da vida. A busca cega e febril dos prazeres e do poder, a tremenda ênfase nas coisas externas e ilusórias da vida, as fáceis concessões e a submissão a males de todo tipo, tudo isso está solapando as bases da nossa vida espiritual, resultando numa inquietude geral e num descontentamento cada vez maiores. Em muitos casos se busca afogar no entorpecimento mental produzido pela bebida os conflitos internos, as tensões e a falta de paz, que são resultados inevitáveis desta pobreza de espírito, ou então se busca esquecê-los nas excitações artificialmente criadas de todos os tipos, deste modo aumentando ainda mais a infelicidade que eles pretendem remover. Há apenas um modo de quebrar este círculo vicioso que é cultivar a riqueza interior de espírito, a qual capacita o homem a viver uma vida plena e integrada, em paz consigo mesmo e em harmonia com os outros. Esta riqueza de espírito somente pode advir de um desenvolvimento, pelo menos parcial, da nossa natureza espiritual, do cultivo da sabedoria e da autossuficiência. A *upāsanā* de *Gāyatrī* pode nos ajudar a realizar isso de uma maneira muito eletiva. Pelo menos o experimento vale a pena ser tentado.

Para a grande maioria das pessoas que usam o mantra *Gāyatrī* com este propósito mais limitado, o problema da meditação e da *japa* é comparativamente simples. Isto porque uma tal *sādhanā* não exige um padrão muito rigoroso de autodisciplina e não conduz o *sādhaka,* no que diz respeito à sua mente, para fora do reino do conhecido. Mas, neste caso, ele não deveria esperar quaisquer resultados de uma natureza não usual e deve contentar-se com um progresso lento, proporcional aos seus esforços.

Portanto, tentemos agora entender, pelo menos em alguma medida, o problema da meditação do ponto de vista de um iniciante. Qual é o objetivo da meditação? Como este objetivo é realizado? O objetivo da meditação, colocado em termos bem amplos, é a percepção direta da verdade ou da realidade que está oculta por detrás de qualquer forma, ideia ou ideal concebidos apenas no plano do intelecto. Sua natureza essencial consiste, assim, em ir além das aparências externas e conhecer as coisas como elas são em verdade e realidade. A meditação tem, deste modo, que lidar com duas coisas. Em primeiro lugar, com a forma externa que representa ou corporifica uma realidade interna e, em segundo lugar, com a própria realidade interna, a qual embora indicada pela forma externa está oculta por detrás desta forma e pode ser conhecida apenas se transcendendo a forma. Há outros propósitos ou objetivos menores da meditação, tais como o treinamento da mente ou o desenvolvimento dos necessários traços de caráter, mas todos estes são secundários e visam meramente subservir e preparar o terreno para o propósito principal e essencial.

Com relação ao método pelo qual este objetivo é realizado a meditação é, até certo ponto, uma questão individual e diferentes pessoas descobrem que diferentes métodos são eficazes em seus casos particulares. Não é possível discutir extensamente este problema aqui, nem é necessário para o iniciante compreender plenamente a Ciência da meditação em todos os seus detalhes. O método resumido que apresentaremos a seguir talvez atenda às necessidades da grande maioria das pessoas e dará ao aspirante que quer começar a *upāsanā* de *Gāyatrī* pelo menos uma ideia de como lidar com o problema no início. Ele pode modificá-lo à luz de sua experiência e adaptá-lo às suas necessidades como lhe parecer mais adequado.

Há um grande número de cerimônias baseadas em diferentes mantras que são prescritas por diferentes escolas junto com a meditação e a *japa* do *Gāyatrī*. Como já foi colocado antes, essas cerimônias e práticas foram agregadas à *japa* e à meditação sobre *Gāyatrī* ao longo do tempo, durante o curso de séculos, presumivelmente com o objetivo de tornar o procedimento da *upāsanā* mais rico e mais eficaz. Enquanto que algumas delas são realmente belas e direcionam a mente para verdades muito profundas, não há dúvida de que elas também tendem a distrair a mente. Quanto maior o número de cerimônias que o iniciante realiza, maior é o perigo dele de cair numa rotina. É, portanto, aconselhável que ele concentre suas energias em coisas essenciais e não as desperdice com todo tipo de práticas que são úteis, mas não absolutamente necessárias. Muitas pessoas podem dedicar apenas um período limitado de tempo a este trabalho e este pode ser utilizado da melhor maneira possível reduzindo-se as cerimônias acessórias a um mínimo.

Cabe ao *sādhaka* decidir quanto tempo ele pode dedicar a este trabalho e o que ele considera essencial. Um estudo cuidadoso da literatura acompanhado de uma clara compreensão do objetivo em vista lhe mostrará que as práticas que seguem podem ser consideradas como o mínimo necessário.

(1) Uma ou duas cerimônias purificatórias para harmonizar os veículos e sintonizar a mente com o Eu Superior.

(2) Invocação e meditação no Sol Espiritual, do qual o Sol físico é a expressão mais externa.

(3) Invocação da *Gāyatrī Devī* no orbe solar e meditação na *Gāyatrī Devī* e no mantra *Gāyatrī*.

(4) *Japa* do mantra *Gāyatrī*.

(5) *Visarjana* ou despedida à *Gāyatrī Devī* e ao *Sūrya Devatā*.

Já consideramos a questão da purificação de um modo geral e tudo que precisamos enfatizar aqui é que a cerimônia deve ser realizada com todo o empenho e seriedade que o *sādhaka* seja capaz. A rotina é a ruína da *upāsanā* e as mais sublimes e sagradas cerimônias podem se tornar inúteis se realizadas mecanicamente. A tendência à rotina nestas questões é tão grande que a menos que o *sādhaka* esteja muito alerta, ele cairá nela de forma imperceptível e inconsciente, especialmente no começo quando não há resultados apreciáveis. Os mantras que são usados nestas práticas deveriam ser recitados com reverência e seriedade, e haver uma reflexão sobre seus significados. Não é o ato externo, mas sim a atitude interna e a profundidade de pensamento e emoção que determinam o efeito. Não é necessário demorar-se preguiçosamente no mantra e perder tempo numa espécie de devaneio. Uma ação mental rápida e concentrada motivada pela atitude apropriada é muito mais efetiva que um período prolongado de utilização ociosa do pensamento. Em se tratando das coisas espirituais é sempre a qualidade e a intensidade que contam.

O propósito da *āvāhana* ou invocação do *Devatā,* como já foi colocado, é voltar completamente a atenção a Ele em preparação para a comunhão que deve vir a seguir. O *Devatā,* que está no reino da consciência, no pano de fundo da nossa mente, está na realidade dentro de nós, embora por conveniência possamos projetar a imagem mental fora de nós. O propósito da formação da imagem mental já foi considerado anteriormente, mas pode ainda surgir a questão a respeito do lugar onde esta imagem deve ser projetada ou imaginada. Muitos *sādhakas* preocupam-se bastante com esta questão e não são capazes de chegar a uma conclusão quanto à localização da imagem. Talvez os surpreendesse aprender que, em última análise, não importa muito onde eles localizam a imagem. Uma imagem mental é uma imagem mental e a mente não tem localização. Imaginar-se a imagem num local ou em outro não altera a localização da imagem, meramente altera o seu conteúdo. Quando imaginamos a Divindade escolhida sentada à nossa frente o pano de fundo da imagem tem uma forma. Quando A imaginamos na cavidade de nosso coração o pano de fundo tem uma forma diferente. Em ambos os casos o local da imagem é o centro mental a partir do qual a mente opera. Um exemplo tornará este ponto mais claro. Quer um homem esteja vendo um filme projetado à sua frente, ou ouvindo uma conversa ocorrendo atrás dele, em ambos os casos as impressões sensórias visuais e auditivas são formadas em seu cérebro, embora sejam estimuladas por vibrações vindas de diferentes direções e sejam imaginadas em diferentes localizações pela mente. De onde a mente opera? A partir do centro mental *(mano bindu)* que é na realidade o centro comum de todos os veículos, físicos e suprafísicos, e é o real *antahkarana* ou instrumento interior. Este centro pode ser diagramaticamente representado pela figura seguinte, na qual os ovoides representam as auras dos diferentes veículos e "O" o centro comum dos veículos.

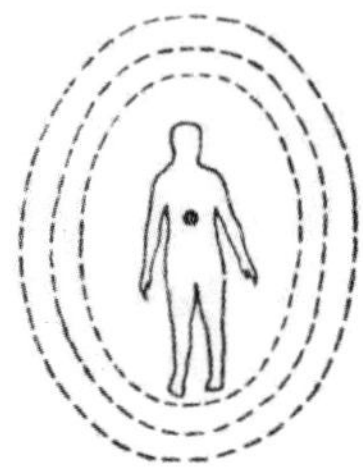

É a partir do ponto central "O" que a consciência do *Jīvātmā* funciona através dos diferentes níveis da mente e este é o "coração" que é referido na literatura oculta e mística. O coração místico não tem, portanto, nada a ver com o órgão conhecido como coração a não ser o fato de que sua localização no corpo é aproximadamente na região do coração físico.

Os três mantras dados abaixo, do *Mundakopanishad,* referem-se a este ponto.

यस्मिन् द्यौ पृथिवी चान्तरिक्ष-
मोतं मनः सह प्राणैश्च सर्वैः ।
तमेवैकं जानथ आत्मानमन्या
वाचो विमुञ्चथामृतस्यैष सेतुः ॥

Yasmin dyauh prithivī cāntariksam
otam manah saha prānaish ca sarvaih,
tam evaikam jānatha ātmānam anyā
vāco vimuñcathāmrtasyaisa setuh.

"Tente conhecer tão somente a Ele, o *Paramātmā,* que está entrelaçado com (que permeia) os três mundos – físico (*prthivī),* astral (*antariksha)* e mental *(svarga),* bem como com a mente e os *prānas.* Abandone todas as palavras (conversas vazias). Somente Ele é a ponte para a imortalidade".

(*Mundakopanishad,* II-2-5)

अरा इव रथनाभौ संहता यत्र नाड्यः
स एषोऽन्तश्चरते बहुधा जायमानः ।
ओमित्येवं ध्यायथ ह्यात्मानं
स्वस्ति वः पाराय तमसः परस्तात् ॥

Arā iva rathanābhau samhata yatra nādyah
sa eso 'ntash carate bahudhā jāyamānah,
om ity evam dhyāyatha hy ātmānam
svasti vah pārāya tamasah parastāt.

"Como os raios encontram-se no centro da roda, o mesmo fazem os *nadis* (no coração). Neste centro vive Ele *(Paramātmā),* o qual se tornou múltiplo. Medite somente Nele, por meio do auxílio de *OM.* Que possas atravessar o mar da escuridão da Ignorância e alcançar a outra Margem (da Realidade)".

(*Mundakoponishad,* II-2-6)

यः सर्वज्ञः सर्वविद् यस्यैष महिमा भुवि ।
दिव्ये ब्रह्मपुरे ह्येष व्योम्न्यात्मा प्रतिष्ठितः ॥
मनोमयः प्राणशरीरनेता
प्रतिष्ठितोऽन्ने हृदयं संनिधाय ।
तद्विज्ञानेन परिपश्यन्ति धीरा
आनन्दरूपममृतं यद् विभाति ॥

yah sarvajñah sarvavid yasyaisa mahimā bhuvi,
divye brahmapure hy esa vyomny ātmā pratisthitah.
manomayah prānasharīranetā pratisthito
'nne hrdayam samnidhāya,
tad-vijñānena paripashyanti dhīrā ānandarūpam
amrtam yad vibhāti.

"Ele que é Todo-sabedoria e Onisciente, cuja glória está manifestada em todos os lugares no mundo, jaz em Sua Real forma no Divino espaço (*ākāsha*) do *Brahmaloka,* mas Ele, que permeia a mente e que é o Governante das forças vitais (*prānas*) e do corpo, também vive no corpo físico próximo do coração. Os Sábios por meio da concentração (no éter do coração) podem alcançar a percepção direta através do conhecimento Dele que a tudo permeia e que é a essência da glória e da imortalidade".

(*Mundakopanishad,* II-2-7)

O primeiro dos três versos acima indica a presença da Realidade que o *sādhaka* busca dentro de si mesmo, bem como a necessidade de buscá-La de uma forma plenamente determinada e inteiramente concentrada. O segundo indica as características do centro através do qual esta Realidade manifesta-se dentro dos corpos inferiores, e o fato de que este centro pode ser encontrado por meio da meditação em *Pranava.* O terceiro sugere a localização aproximada deste centro de consciência Divina dentro do corpo físico.

Podemos ver, portanto, que o local mais adequado para formar a imagem mental da Divindade escolhida é a "cavidade do coração", uma expressão mística usada para indicar a região em torno do centro comum de todos os veículos do *Jīvātmā.* Isto porque, neste caso, a real localização da imagem corresponde à sua localização na imaginação. Uma vez que este ponto é o centro comum de todos os veículos é através dele que ocorre a comunicação com todos os planos e é a partir dele que a consciência opera, por meio da instrumentalidade da mente. De qualquer modo, qualquer que seja a razão, tanto a tradição quanto a experiência têm sido a favor da "cavidade do coração" como sendo o local mais adequado para a formação da imagem mental na meditação e o *sādhaka,* sem dúvida, confirmará esta conclusão pela sua própria experiência.

Após ter sido recitado o mantra de invocação e ter sido formada a imagem mental da Divindade escolhida, o próximo passo é meditar por algum tempo naquela Deidade, usando a imagem meramente como um foco para a sua própria atenção. Isto envolve dois processos. Em primeiro lugar, formar uma imagem claramente definida e treinar a mente para mantê-la no foco da consciência, isto é, sem permitir que ela saia do foco da consciência, o que ela tende a fazer repetidamente. Em segundo lugar, quando a imagem puder ser mantida constantemente no foco mental durante algum tempo, o passo seguinte é dar início à atividade da mente em relação à natureza, aos poderes e às funções do *Ishta Devatā,* contra o pano de fundo da imagem mental. O *sādhaka* deveria tentar ir além da forma puramente física e compreender a natureza do *Ishta Devatā* tanto quanto sua mente o permitir fazê-lo. A simbologia da *Devī* ou do *Devatā* o auxiliará até certo ponto neste processo. Mas, como esta é necessariamente limitada, ele também terá que se valer de outras fontes para este propósito. O método a ser realmente adotado ao tentar compreender desta maneira a natureza de seu *Ishta Devatā* dependerá do seu temperamento ou "raio". O tipo devocional naturalmente adotará um enfoque emocional, enquanto que outros seguirão pela linha intelectual. Isto não significa que tanto a emoção quanto o intelecto não devessem ser utilizados conjuntamente no tratamento desta questão. Não há compartimentos estanques em nossa constituição interna e podemos passar de uma atitude para outra ou combinarmos as duas se assim o determinarmos. O intelecto e a emoção são dois aspectos de algo que é fundamentalmente uno, e os dois caminhos de *bhakti* (devoção) e *jñāna* (conhecimento) aproximam-se um do outro até que se fundem em uma Realização. Embora no caso do iniciante a emoção ou o intelecto talvez predominem na sua aproximação ao *Ishta Devatā,* uma integração dos dois ou um adequado "equilíbrio entre razão e amor" deveria ser buscado. Este é o meio mais efetivo para se compreender as realidades da vida interior. O amor dá o poder para seguir adiante, enquanto que a razão dá o conteúdo à nossa compreensão.

Deve-se compreender que todos os esforços concentrados da mente para aproximar-se e compreender o *Ishta Devatā* estão no plano da mente, seja em seu aspecto de emoção ou de intelecto. A mente serve como um véu para ocultar a Realidade que é o verdadeiro *Ishta Devatā*. Mas o *sādhaka*, pela própria natureza das coisas, tem que lutar tão intensamente quanto puder deste lado do véu, antes que lhe possa ser permitido atravessá-lo e estar face a face com o objeto da sua busca. Ele deve esforçar-se ao máximo e chegar quase até o limite de resistência da alma antes que o véu se levante e lhe propicie um vislumbre do Bem-amado. Este não é o lugar para se discutir como este esforço mental ou emocional tem que ser organizado e direcionado. É uma questão para estudo profundo e experimentação prolongada, o que deverá ser realizado se o *sādhaka* for sério com relação ao seu objetivo. Podem se passar anos, de esforços aparentemente inúteis, antes que a luz comece a infiltrar-se em sua mente assegurando-lhe que seus esforços não foram em vão. Mas chegará o dia – pois ele deve chegar – em que ele estará firmemente estabelecido no Caminho e sentirá a mão de seu *Ishta Devatā* a lhe guiar, embora ainda de forma invisível. Dali em diante seu progresso, não obstante ainda requerendo árduo esforço, de certo modo será muito mais fácil, devido à certeza interior de que ele está sob a proteção e guia de seu Senhor.

E o véu levanta-se definitivamente somente depois deste estágio crítico, ter sido ultrapassado, o embora esforço no plano mental com relação ao nosso *Ishta Devatā* chegue a um fim, ainda assim, o *sādhaka* deve gradualmente adquirir o que pode ser chamado de técnica de desvelar o significado interno das ideias e ideais que formam o conteúdo de sua meditação, por meio do esforço constante. Este significado interno não é uma ideia, mas um estado de consciência, do qual a ideia no plano mental é meramente um pálido e impreciso reflexo. É algo para ser realizado e não para ser pensado, e pode aparecer subitamente, contrastando com a ideia que até então o encobrira. Este ponto pode ser ilustrado tomando-se um exemplo concreto, como o caso da atitude de autoentrega em relação ao *Ishta Devatā*. É possível pensar sobre a autoentrega, e toda uma filosofia a respeito desta qualidade pode ser construída no plano intelectual. Mas toda esta estrutura intelectual pode ser apenas uma forma impressionante sem qualquer vida. Isto porque a verdadeira autoentrega não é um conjunto de ideias, mas um estado de consciência, uma postura simples, pura, límpida e dinâmica, que desafia qualquer descrição e que é tão diferente das correspondentes formas-pensamento quanto a alma é diferente do corpo. É na direção de uma tal transformação interior que o *sādhaka* deve direcionar seus esforços, depois que ele tiver alcançado um certo nível de progresso no plano mental. Se ele for bem-sucedido, mesmo que uma só vez, e tiver uma experiência qualitativa da diferença entre pensamento e realização, seu progresso futuro está garantido, pois ele realmente obteve a chave para o mundo da realidade. Estas experiências no reino de nossa mente são necessárias, não apenas para nosso progresso, mas também para elevar nossa *upāsanā* do nível de uma rotina desinteressante para o de uma excitante e divina aventura.

O estudante que está familiarizado com a técnica do *Raja Yoga* verá nos três passos anteriormente delineados os precursores de *dhāranā, dhyāna* e *samādhi* (os três estágios de meditação e realização no *Yoga).* O *sādhaka* faz, num nível mais baixo e de forma imperfeita, o que tem que ser feito pelo *yogue* num nível muito mais elevado e com perfeição. Nosso progresso na vida espiritual se dá na forma de uma espiral e realizamos em níveis progressivamente mais altos o que já tínhamos feito menos perfeitamente em estágios anteriores. O *Yoga* não é algo estranho e desconectado de nossa vida comum. Ele simplesmente representa os estágios superiores da Ciência do Autodesenvolvimento que começamos a aprender no campo da *upāsanā.*

Uma arma de tremendo poder que o iniciante pode usar nos primeiros estágios da sua luta com sua mente e sua natureza inferior é a oração. De fato, a oração pode aumentar grandemente a eficácia de todas as cerimônias na *upāsanā* e evitar que estas cerimônias se tornem uma rotina monótona. Sua eficácia deve-se ao fato de que ela envolve uma expressão natural de nossas ideias e emoções, as quais brotam do nosso coração e da nossa mente, e uma integração muito harmoniosa das duas é automaticamente alcançada nesta expressão livre. Podemos ver que muitos dos mantras que são usados em invocações, etc. são simplesmente orações curtas, e não mantras no sentido de que seu poder depende dos efeitos sonoros produzidos. O *sādhaka* bem pode substituir estes mantras por uma oração improvisada, que é uma expressão natural e poderosa da sua mente e das suas emoções e que pode, deste modo, propiciar um contato mais efetivo com o *Ishta Devatā* e assim um influxo mais poderoso de Sua influência. Ele pode descobrir que em certas ocasiões uma oração simples e sincera dirigida a seu *Ishta Devatā* toca alguma corda da sua natureza interior e libera uma torrente das mais finas emoções, as quais brotam dos mais profundos recessos do seu coração. Ou um raio de intuição subitamente ilumina um profundo problema que ele estava em vão tentando resolver pelo processo do raciocínio. Ou ele pode descobrir-se misteriosamente em contato com as mais profundas camadas do seu ser, uma experiência que nunca poderá ser esquecida. Todas estas experiências, embora possam não significar muito, ainda assim, são muito encorajadoras e aumentam o ardor do *sādhaka.*

A meditação é seguida de *japa.* De fato, as duas práticas são complementares como indicado no bem conhecido *sūtra* de *Patañjali* (I-28) *taj-japas tad-arthabhāvanam,* o qual prescreve constante repetição e meditação em relação a *Pranava.* A teoria e a técnica da *japa* já foram tratadas em alguma medida no capítulo III e não é necessário dizer aqui como a *japa* deve ser executada. Mas é necessário, neste ponto, salientar que o objetivo final da meditação e da *japa é* o mesmo, isto é, conhecer a realidade oculta por detrás da forma do mantra, por meio da fusão da consciência do *sādhaka* com aquela de seu *Ishta Devatā.* Tão somente por meio de uma tal fusão é que qualquer coisa pode ser conhecida diretamente e no verdadeiro sentido da palavra. O conhecer através da mente é indireto, muito parcial e de uma categoria diferente, embora um estágio necessário no processo de conhecer qualquer coisa.

Após a meditação e a *japa*, todo o ambiente e a moldura mental que o *sādhaka* construiu têm que ser desmanchados ou dissolvidos por um ato deliberado de vontade. O hindu acredita na cremação a fim de destruir completamente a forma depois que ela serviu ao seu propósito. Permitir que uma forma sagrada permaneça intacta quando ela não pode mais ser cuidada com o apropriado espírito de reverência é considerado um sacrilégio. Portanto, após qualquer tipo de adoração baseado na construção de uma forma temporária há a cerimônia de *visarjana* (deixar ir) ou despedida. Isto é apenas um *samkalpa* ou ato de vontade para destruir a forma mental ou física. Mas ele é precedido pela recitação de um mantra, orando ao *Ishta Devatā* para que Ele deixe a forma a fim de que ela possa ser destruída. Como foi explicado em relação à invocação, não há realmente um partir por parte do *Ishta Devatā,* o qual está sempre presente no coração do *sādhaka.* Isto meramente simboliza um afastamento da mente do *sādhaka* daquela séria e sagrada tarefa que ele havia empreendido. Isto não significa, é claro, que o *sādhaka* tenha que excluir o *Ishta Devatā* da sua mente até que ele sente novamente para sua *upāsanā* diária. A verdadeira *upāsanā* significa o cultivo de um constante sentido ou apercebimento da presença do *Ishta Devatā* dentro de nosso próprio coração, mas este é um tipo diferente de processo, o qual vai além do nosso objetivo neste contexto.

APÊNDICE

ALGUNS MANTRAS BEM CONHECIDOS

(1) *Shuddhi* Mantras

No capítulo VIII já foram apresentados três mantras usados com o propósito de "purificação" *(shuddhi).*

(a) ओं नमो विवस्वते
    ब्रह्मन् भास्वते विष्णुतेजसे ।
जगतः सवित्रे शुचये
    सवित्रे कर्मदायिने ।। १ ।।

ओं एहि सूर्य सहस्रांशो तेजोराशे जगत्पते ।
अनुकम्पय मां भक्तं गृहाणार्घ्यं दिवाकर ।। २ ।।
    एषोऽर्घ्यः । ओं श्रीसूर्याय नमः ।

Om namo vivasvate
brahman bhāsvate visnutejase,
jagatah savitre shucaye
savitre karmadāyine.
Om ehi sūrya sahasrāmsho tejorāshe jagatpate,
anukampaya mām bhaktam grhānārghyam divākara. eso'rghyah.
Om shrī sūryāya namah.

"Saudação a *Vivasvat,* Oh *Brahman,* saudação ao Ser Luminoso que possui a energia de *Vishnu.* Saudação ao Criador do mundo, Àquele que é Puro, ao Doador da vida, ao Guardião do fruto das ações. Venha, Oh *Sūrya* (Sol) de mil raios, fonte de todas as energias, Senhor do mundo, tenha piedade de mim, Teu devoto; aceite esta oferenda, Oh Criador do dia.

Para ti é esta oferenda, *Om* saudação a *Sūrya*".

(b) ओं जपाकुसुमसंकाशं काश्यपेयं महाद्युतिम् ।
ध्वान्तारिं सर्वपापघ्नं प्रणतोऽस्मि दिवाकरम् ।।
ओं नमः सवित्रे जगदेकचक्षुषे
जगत्प्रसूतिस्थितिनाशहेतवे ।
त्रयीमयाय त्रिगुणात्मधारिणे
विरिञ्चिनारायणशंकरात्मने नमः ।। २ ।।

Om japākusumasamkāsham kāshyapeyam
mahādyutim,
dhvāntārim sarvapāpaghnam pranato 'smi
divākaram.
Om namah savitre jagadekacaksuse
jagatprasūti-sthitināshahetave,
trayīmayāya trigunātmadhārine viriñcinārāyanasamkarātmane namah.

"*Om.* Saudação ao Criador do dia, cuja cor é como a da flor *Japa,* que possui uma luz imensa, que é o filho de *Kashyapa*[5]

[5] *A respeito de Kashyapa*, podemos ler no "Glossário Teosófico" que: "Segundo as palavras do *Atharva Veda*, é "o nascido de si mesmo, que surgiu do Tempo"." (p. 331). E como significados de *Savitri* temos: "O Sol. Um dos *Ādityas*. Produtor, progenitor, gerador, pai." (p. 714, Ed. Kier)

e é o Inimigo da escuridão, o Destruidor de todos os pecados. Reverentemente me curvo diante do Criador do dia. Saudação a *Savatri*[6] ao Olho que tudo vê, à Causa da criação, preservação e destruição do mundo, a Ele que se compõe de três *Vedas,* que mantém *Prakriti* com as três *gunas* e que contém *Viriñchi* (*Brahmā*), *Nārāyana* (*Vishnu*) e *Shamkara* (*Shiva*).

Om. Saudação ao Senhor *Surya*".

(3) Invocação à *Gāyatrī*

(a) ओं आयाहि वरदे देवि त्र्यक्षरे ब्रह्मवादिनि ।
गायत्रि छन्दसां मातर्ब्रह्मयोने नमोऽस्तु ते ॥

Om āyāhi varade devi tryaksare brahma-vādini,
gāyatrī chandasām mātar brahmayone namo 'stu te.

"*Om.* Oh Deusa, dai-nos Tuas abundantes dádivas. Oh Tu que és referida por três sílabas, Oh Tu que és Reveladora de *Brahman,* Oh *Gāyatrī*, mãe das métricas, Oh Tu, fonte dos Vedas, Te saudamos".

(b) ओं आयाहि वरदे देवि
जप्ये मे संनिधौ भव ।
गायन्तं त्रायसे यस्माद्
गायत्री त्वं ततः स्मृता ॥

[6] A palavra "Veda", segundo o "Glossário Teosófico" (p. 845), "é derivada da raiz *vid*, que significa "conhecer" ou "conhecimento divino". Neste mantra seu significado parece se reportar aos três aspectos ou formas do "conhecimento divino" que compõem a Trindade Divina. (N. T.)

Om āyāhi varade devi
japye me samnidhau bhava,
gāyantam trāyase yasmād
gāyatrī tvam tatah smrtā.

"*Om.* Vinde Deusa de abundantes dádivas e esteja presente em minha prece. Oh Tu, que salvas ao seres entoada e que, por isso mesmo, és chamada *Gāyatrī*".

(4) Mantras para meditação em *Gāyatrī*

Mantra da Manhã

उद्यदादित्यसंकाशां पुस्तकाक्षकरां स्मरेत् ।
कृष्णाजिनधरां ब्राह्मीं ध्यायेत् तारकितेऽम्बरे ॥

udyadādityasamkāshām pustakāksakarām
smaret,
krsnājinadharām brāhmīm dhyāyet tārakite 'mbare.

"De refulgente vermelho como o Sol nascente, com livro e rosário nas mãos; és a força de *Brahmā,* envolta numa pele de cervo, sob tal forma Te venero, enquanto as estrelas ainda brilham".

Mantra do Meio-dia

श्यामवर्णां चतुर्बाहुं शङ्खचक्रलसत्कराम् ।
गदापद्मकरां देवी सूर्यासनकृताश्रयाम् ॥

shyāmavarnām caturbāhum shankhacakra-
lasatkarām,
gadāpadmakarām devīm sūryāsanakrtāshrayām.

“De cor azul-celeste e com quatro braços, sentada no orbe solar, a Deusa segura a concha, o disco, a clava e o lótus, um em cada mão”.

Mantra da Noite

शुक्लां शुक्लाम्वरधरां वृषासनकृताश्रयाम् ।
त्रिनेत्रां वरदां पाशं शूलं च नृकरोटिकाम् ।।

shuklām suklāmbaradharām vrsāsanakrtāshrayām,
trinetrām varadām pāsam sūlam ca nrkarotikām.

“De cor branca, num vestido branco como a neve, sentada no Touro do Poder, de Três olhos, com dádiva e laço nas mãos, armada com lança e tambor”.

Dhyāna-mantra Universal

श्वेतवर्णा समुद्दिष्टा कौशेय-वसना तथा ।
श्वेतैर्विलेपनैः पुष्पैरलंकारैश्च भूषिता ।।
आदित्यमण्डलस्था च ब्रह्मलोकगता तथा ।
अक्षसूत्रधरा देवी पद्मासनगता शुभा ।।

shvetavarnā samuddistā kausheya-vasanā tathā,
shvetair vilepanaih paspair alamkārais ca bhūsitā.
āditya-mandalasthā ca brahmaloka-gatā tathā,
aksasūtradharā devī padmāsanagatā shubhā.

“De tez branca, dizem, é *Gāyatrī,* envolta numa veste de seda brilhante. Creme de sândalo branco perfuma sua pele, adornada de flores brancas e joias. No orbe Solar encontrarás Seu lar, no mundo de *Brahmā* Ela também reside.

Ela, que é auspiciosa, está na flor de lótus com o rosário na mão”.

(5) *Japa* do *Gāyatrī*

Mantra *Viniyoga*

ओंकारस्य ब्रह्मा ऋषिर्गायत्री छन्दोऽग्निर्देवता ।

Omkārasya brahmā rsir gāyatrī chando 'gnir devatā.

“Da sílaba *Om,* o *Rishi* é *Brahmā,* a métrica é *gāyatrī* e o *Devatā* é *Agni*”.

महाव्याहृतीनां प्रजापतिर्ऋषिर्गायत्र्युष्णिगनुष्टु-
भश्छन्दांसि अग्निवाय्वादित्या देवताः ।

mahāvyāhrtīnām prajāpatir rsir gāya-
tryusniganustubhash chandāmsi agnivāyvādityā
devatāh.

“Dos três *Mahā Vyāhritis,* o *Rishi* é *Prajāpati*, as métricas são respectivamente *gāyatrī, ushnik* e *anushtup* e seus respectivos *Devatās* são *Agni, Vāyu e Āditya.*”

गायत्र्या विश्वामित्र ऋषिर्गायत्री छन्दः सविता
देवता ।

gāyatryā vishvāmitra rsir gāyatrī chandah
savitā devatā.

"Do *Gāyatrī*, o *Rishi* é *Vishvāmitra,* a métrica é *gāyatrī* e o *Devatā* é *Savitā*".

Mantra *Gāyatrī*

ओं भूर्भुवः सुवः । तत् सवितुर्वरेण्यं भर्गो देवस्य
धीमहि । धियो यो नः प्रचोदयात् ।। ओं ।।

Om bhūh bhuvah suvah.
tat savitur varenyam bhargo devasya dhīmahi,
dhiyo yo nah prachodayāt. Om.

"*Om* é *bhūh,* etc., isto é, os três planos da existência. Meditamos sobre a Luz Divina do adorável Sol da Consciência espiritual. Que Ele estimule nosso poder de percepção espiritual".

(6) Oração à *Devī Gāyatrī*

उद्यदादित्यसंकाशां पुस्तकाक्षकरां स्मरेत् ।
कृष्णाजिनधरां ब्राह्मीं ध्यायेत् तारकितेऽम्बरे ।।

Om guhyātiguhya-goptrī tvam
grhānāsmatkrtam japam,
siddhir bhavatu me devi tvatprasādād maheshvari.

"Oh Luz! Tu que estás oculta, que és a mais oculta Salvadora, aceite esta minha prece. Conceda-me a perfeição, através da Tua graça, Oh Grande Deusa".

(7) (a) Despedida à *Gāyatrī*

ॐ गुह्यातिगुह्यगोप्त्री त्वं गृहाणास्मत्कृतं जपम् ।
सिद्धिर्भवतु मे देवि त्वत्प्रसादात् महेश्वरि ॥

Om maheshavadanotpannā vishnor hrdayasambhavā,
brahmanā samanujñāta gaccha devi yathecchayā.

"Oh Deusa, Tu que viestes da boca de *Mahesha* e habitas no coração de *Vishnu,* tendo sido isso permitido por *Brahmā.* Que partas agora, quando isto Te aprouver".

(b) Saudação a *Sūrya*

ॐ महेशवदनोत्पन्ना विष्णोर्हृदयसंभवा ।
ब्रह्मणा समनुज्ञाता गच्छ देवि यथेच्छया ॥

Om eka-cakro ratho yasya divyah kanakabhūsitah
sa me bhavatu suprī tah padmahasto divākarah.

"Que possa o Criador do dia, o Sol com o lótus em suas mãos, estar satisfeito comigo – Ele cuja carruagem tem uma roda refulgente de ouro brilhante".

GLOSSÁRIO

Adhikārī	Aquele que está qualificado, pronto ou digno para receber
Āditya	Deus Sol, Sol
Agni	Deus do Fogo (literalmente, fogo)
Ajñāna	Ignorância
ākāsha	Espaço, um dos *tattvas* (correspondente à audição)
Anāhata shabda	O som não entoado ou que não se ouve
antahkarana	Instrumento interior
antarātmā	Ser Interior, Alma ou Espírito
antariksha	Astral, plano intermediário
antaryāmī	O regente interno, o eu (ou ego) residente
anupāna	Bebida tomada com ou após remédio
anushthāna	Realização de obrigações e cerimônias religiosas de rotina
Arghya	Oferenda
ati-prashna	Questão última, relativa ao transcendental
ātma-samarpana	Autoentrega
Ātmico	Relativo a *Ātmā*
āvāhana	Invocação
avatāra	Desenso ou encarnação de uma deidade
bhakti	Devoção
bhakti-bhāva	Estado de devoção

bhakti marga	Caminho da devoção
bharga	Radiação, luz, esplendor
bhāva	Estado do coração, sentimento interior
bhāvanā	O mesmo que *bhāva*
bhūh	Terra, plano físico
bhūta	Elemento
bhūta shuddhi	Purificação dos elementos dos corpos
bhuvah	Plano astral
bīja akshara	Sílaba semente
bīja mantra	Mantra semente
Brahmā	Terceiro aspecto da Trindade hindu (III Logos)
brahmacharya	Castidade no viver, comportamento daquele que busca o caminho de *Brahmā*
Brahmaloka	O mundo de *Brahmā*
Brahman, Nirguna	Realidade que é sem atributos, Realidade imanifestada
Brahman, Shabda	Realidade como Som ou Vibração
Brahman, Saguna	Realidade que tem atributos
Brāhmana	Segunda das três partes dos Vedas, que trata das cerimônias sacrificiais, mitos, etc. (A primeira é *Samhitā* (hinos) e a terceira os Upanishades)
brahmānda	Literalmente ovo de *Brahmā*, o universo
buddhi	Inteligência espiritual, intelecto desperto
chandas	Métrica
chetana	Consciência
chitta	Mente
damaru	Tambor, refere-se particularmente ao tambor que *Shiva* segura numa das mãos
darshana	Visão, vista
Devatā	Deus, uma Divindade masculina
Devī	Deusa, uma Divindade feminina

dhāranā	Concentração
dharma	A lei ética, conduta ética, dever, virtude, moralidade baseada num senso de justiça, responsabilidade para com outros, lei universal
Dhūmaketu	Cometa
dhyāna	Meditação
Dhyāna-mantra	Mantra usado para meditação na Divindade escolhida
Gadā	Clava, maça
Gangā (Ganges)	Nome de rio
Guru	Instrutor, instrutor espiritual
Idā	Um canal para o fluxo de *Prāna* no lado esquerdo da coluna
Ishta Devatā	Divindade escolhida, a forma particular em que Deus é adorado por um indivíduo
Īshvara	Deus, Logos de um universo
jada	Material, inanimado
jada jagat	Mundo material
jagat	Universo
japa	Pronúncia meditativa ou repetida; repetição articulada ou mental de mantras
jatharāgni	Fogo gástrico
Jīva	Alma, indivíduo
Jīvanmukti	Libertação enquanto num corpo
Jīvātmā	Mônada individual
Jñāna	Conhecimento, sabedoria
Kālāgni	Fogo do tempo (Tempo personificado como um fogo que consome lentamente)
Kālī	Aspecto de *Shakti*

Kalī yuga	A última e menos espiritual das quatro eras em que o tempo se desenrola (literalmente, Era ou Idade Negra
karma	Ação, lei de causa e efeito
kármico	Relativo ao *karma*
kosha	Revestimento, corpo, veículo da consciência
Kripā	Compaixão, graça Divina
kriyā yoga	*Yoga* preliminar, mencionada nos *Yoga-Sūtras*
Kshattriya	Pessoa pertencente à casta dos guerreiros
Kundalinī	A Energia primária, diz-se estar adormecida na base da coluna na pessoa comum
Lakshmī	Deusa da Riqueza, *Shakti* ou Consorte de *Vishnu*
Lokas	Plano (literalmente, mundos)
Madhyamā	Literalmente "meio", som ou palavra a um nível sutil, além do físico
Mahā Vyāhritis	As palavras *Bhūh*, *Bhuvah*, *Suvah*, etc., que representam os diferentes planos da existência, as quais acompanhadas da Palavra sagrada *Om*, precedem a recitação do *Gāyatrī*
Mahesha	Nome de *Shiva*
manásico	Relativo a *manas* ou a mente, mental
mano bindu	Centro mental
mantra	Uma combinação particular de sons cuja repetição pode produzir certos resultados definidos
mantra shakti	O poder do mantra
mantra Shāstra	A Ciência da utilização dos poderes ocultos em certas combinações de sons
mantra-siddhi	Realização através do mantra

Mantra Yoga	Ramo da *yoga* em que os poderes ocultos em certas combinações de sons são utilizados para desenvolver a consciência
mārga	Senda, caminho
Māyā	Ilusão, véu sobre a Realidade subjacente ao universo manifestado
Moksha	Libertação
Nāda	O poder oculto no Som, a vibração primária, fundamental e todo-abarcante, a partir da qual todas as outras vibrações no universo manifestado são constituídas
Nirvāna	Extinção da existência personal, separada, portanto, emancipação espiritual
Nivritti Mārga	Senda da Evolução, do Retorno
Paddhati	Forma ou procedimento tradicional
Padma	Lótus
parā	Além, som que está além dos níveis físico e psíquico
Paramātmā	Espírito Supremo ou *Ātmā*, Ser Universal
Parāng Chetana	Consciência voltada para o exterior
Pashyantī	Som no nível sutil causal
Pingalā	Canal para o fluxo de *Prāna* no lado direito da coluna
prānamaya kosha	Veículo etérico, a contraparte sutil do corpo físico e o canal para forças vitais
Prāna	Força Vital ou energia
Prāna Vāyu	Espécie de *Prāna*
Pranava	A sílaba sagrada *Om*
Pranidhāna	Reverência, respeito profundo
Pratyak Chetana	Consciência voltada para o interior
pratyaksha-jñāna	Conhecimento direto, Realização
Pravritti Mārga	Senda da Involução, da Partida

prithvī	Terra, plano físico, um dos *tattvas* (correspondente ao olfato
pūjā	Adoração cerimonial
punya	Mérito, o *karma* de boas realizações
purāna	"Antigo", texto pertencente a uma classe da literatura antiga que contém mitos, alegorias, etc.
purushārtha	Objetivos humanos; propósitos da vida; a tradição hindu fala de quatro destes objetivos: riqueza (*artha*), prazer (*kārma*), retidão (*dharma*) e o último deles, liberdade (*moksha*)
rāga, rāginī	Modos musicais da Índia
Rajásico	Relativo a *Rajas* (mobilidade), uma das três *Gunas*
Rasa	Essência
Rig Vedins	Seguidores do *Rig Veda*
Rishi	Sábio, indivíduo sábio
Rudra	Aspecto de *Shiva* (I Logos)
Shabda	Som
Sādhaka	Aquele que procura trilhar a senda espiritual e adota os meios necessários para alcançar a meta
Sādhana	Os meios para alcançar uma meta, especialmente a meta espiritual; aquele modo de viver e as práticas que levam à Iluminação espiritual
sādhu	Homem religioso
Sahasrāra	O *chakra* de "mil pétalas" no topo da cabeça
Shakti	Poder Divino, Realidade como Poder
samādhi	O último estado de realização *yóguica*
Sāma Vedins	Seguidores do *Sāma Veda*

Samdhi	Junção ou momento crítico
samdhyā	Momentos críticos do dia (pela manhã, meio-dia e à noite) e, portanto, as meditações e orações executadas diariamente nestes momentos (vide *trikāla samdhysā*)
Samhitā	Primeira das três partes de um Veda, consistindo de hinos
Samkalpa	Afirmação de vontade, declaração da vontade de fazer algo no decorrer de uma cerimônia
Samnyāsī	Aquele que renunciou à vida mundana
Samsāra	Existência mundana, envolvendo o ciclo de nascimentos e mortes, aprisionamento no *karma*, consistindo no apego a valores ilusórios
Samskāra	Impressões e tendências trazidas do passado; acúmulo de experiências, processo de amadurecimento
Samyama	Um termo composto que designa as três fases da meditação na *Yoga*, chamadas *Dhāranā*, *Dhyāna* e *Samādhī* (*Yoga-Sūtras*, III-4)
Sanātana Dharma	A Religião eterna, nome dado na antiguidade à religião hindu
Sarasvatī	Deusa do estudo, do aprendizado e do conhecimento (consorte de *Brahmā*)
Sat-Chit-Ānanda	Ser, Consciência e Bem-aventurança, o Estado Supremo
Sattva guna	Qualidade de pureza, bondade, harmonia, etc.
Sáttvico	Relativo a *sattva*
Siddha Purushas	Homens Perfeitos, Homens que alcançaram a meta da Realização espiritual

siddhis	Realizações ou talentos; quando usado no plural gealmente se refere aos poderes psíquicos e quando no singular à realização espiritual
Shiva	Consciência Divina, Realidade como Consciência (literalmente, Bom, Beneficente)
Smarana	Recordação
Shraddhā	Fé
Shruti	Escritura (literalmente, aquilo que é ouvido)
shuddhi	Purificação
Shūdra	Pessoa pertencente à classe trabalhadora
sūkshma loka	Mundo sutil
Sūrya Nārāyana	Logos Solar
sūshumnā	Canal central na coluna
sūtra	Aforismo
svah	Plano mental
Svādhyāya	Autoestudo, estudo como um meio para a compreensão espiritual
Svara	Entoação (ao recitar mantras)
Svarga	Céu, plano mental
Svarūpa	Forma verdadeira
tamásico	Relativo a *Tamas* (inércia), uma das três *Gunas*
tānpurā	Um instrumento de cordas indiano que é tocado para dar um tipo de acompanhamento ao cantor
tapasyā	Prática de austeridades devocionais
tasbeeh (Persa)	Rosário
tattva	Verdade, princípio fundamental da Natureza
Tejas	Radiação, luz, brilho, um dos *tattvas* (o éter luminoso, correspondente à visão)
Trideva	Deus Trino ou Trindade Divina; *Brahmā*, *Vishnu* e *Shiva*; criador, preservador e destruidor

trikāla samdhyā	Junções ou momentos críticos do dia (pela manhã, meio-dia e à noite) e, daí, as meditações e orações realizadas diariamente nestes momentos
Upāsanā	Adoração, veneração, serviço respeitoso, consideração
vāchaka	Expressão verbal
vaikharī	Som audível ou no nível mais baixo
Vaishya	Pessoa pertencente à casta dos comerciantes ou mercadores
Vāk	Palavra, fala
Vāyu	Ar, Deus do ar, um dos *tattvas* (correspondente ao tato)
Vedas	Escrituras sagradas hindus (quatro em número, *Rig*, *Yajur*, *Sāma* e *Atharva*); a totalidade do conhecimento
Vedānta	O ápice do conhecimento dos *Vedas*, isto é, a filosofia dos Upanishades; o conhecimento supremo
Videhamukti	Libertação fora do corpo
vidyā	Aprendizado, conhecimento, sabedoria
viniyoga mantra	Mantra preliminar que dá o nome do sábio, a métrica e a Deidade do mantra principal
visarjana	Soltar, libertar
Vishnu	Segundo aspecto da Trindade hindu (II Logos)
vishva	Universo
viveka	Discernimento espiritual, discriminação entre o temporal e o não-temporal, o irreal e o real
viveka-shyāti	O mesmo que *viveka* (literalmente, a luz de *viveka*)
Yamuna	Nome de um rio, afluente do Ganges

gráfika®
papel&cores